# 振り回されない練習

「自分のペース」を
しっかり守るための
50のヒント

心理学者
内藤誼人

徳間書店

# まえがき

「やりたくもない仕事をいつも押しつけられる」
「本当は飲み会なんて参加したくないのに、うまく断れない」
「相手が気を悪くするといけないので、いいたいこともいえない」

他人に嫌われたくない、できればうまく付き合いたい。そんな思いが強すぎて相手に遠慮することが増え、自分のペースを乱していませんか。

周りとうまくコミュニケーションをとることは大切ですが、やり方を間違えると他人に振り回されてばかりの人生を歩むことになってしまいます。他人の思いに敏感なやさしい人ほどこの傾向が強くなるので注意が必要です。

現代人はどんどんナルシストになっているそうです。

アメリカの大学では新入生に心理テストを受けてもらうことが多いのですが、サンディエゴ州立大学のジーン・トウェンギは、新入生に心理テストを実施している85の大学にお願いしてデータを集め、1976年から2006年までの新入生のデータ16475人分のナルシストの得点の時代的な変化を調べてみました。

すると、1982年からナルシスト得点はずっと上がりつづけ、2006年の学生の3分の2は、1979年から1985年までの学生の平均点を大きく上回り、30％もナルシストの度合いが高まっていることがわかりました。

これはアメリカのデータですが、日本もたぶんそんなに変わらないでしょう。現代人は、昔の人よりも、はるかに自己中心的で、他の人のことなどどうでもいいと考えています。ワガママな人がこれからもどんどん増えていく傾向はつづくでしょう。

そういう人たちが増えているからこそ、なおさら「他人に振り回されない練習」をしておくことが大切です。

現代に生きる私たちにとっては、まさしく必須の技術といっても過言ではありません。

ぜひ本書をお読みいただき、ワガママな他人から「自分を守る方法」を身につけてください。あなたの心にたまったよけいな気疲れが、みるみる解消されていくはずです。

それでは、最後までよろしくお付き合いください。

# 目次

## 第2章 自分のペースを取り戻す

## 第3章 やっかいな他人のかわし方

## 第4章 行動を変えれば心も変わる

## 第5章 揺るぎない自信を育もう

ブックデザイン　弾デザイン事務所
カバー・本文イラスト　iStock.com/arata

# 第1章

# 振り回されて当たりまえ

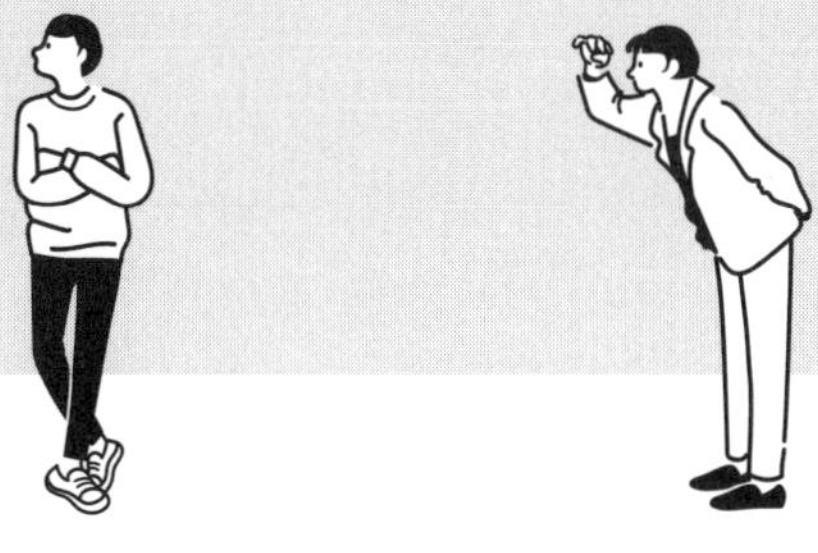

01

# 環境の変化に対応できなくてもしかたない

コロナ禍が落ち着いてきて、社会もこれまで通りの通常運転に戻りつつあります。

未曽有《みぞう》の感染状況から徐々に脱却しているのですから、これは喜ぶべきことでしょう。しかしなかには、こんなことを思っている人もいるかもしれません。

「毎日会社に行くのやだなあ」

「朝晩、満員電車に乗ることを考えるとユウウツ」

「急な社会の変化についていくのがつらい……」

ここ数年取られていたコロナ対応に、私たちの心と身体《からだ》は慣れてしまいました。たとえコロナ前には当たりまえだったことでも、急な変化への対応に難しさを感じている人は少なくないでしょう。

そのことを示すデータがあります。

## 「毎日出社したい」人はわずか3・8%

9割以上がリモートワークの継続を希望

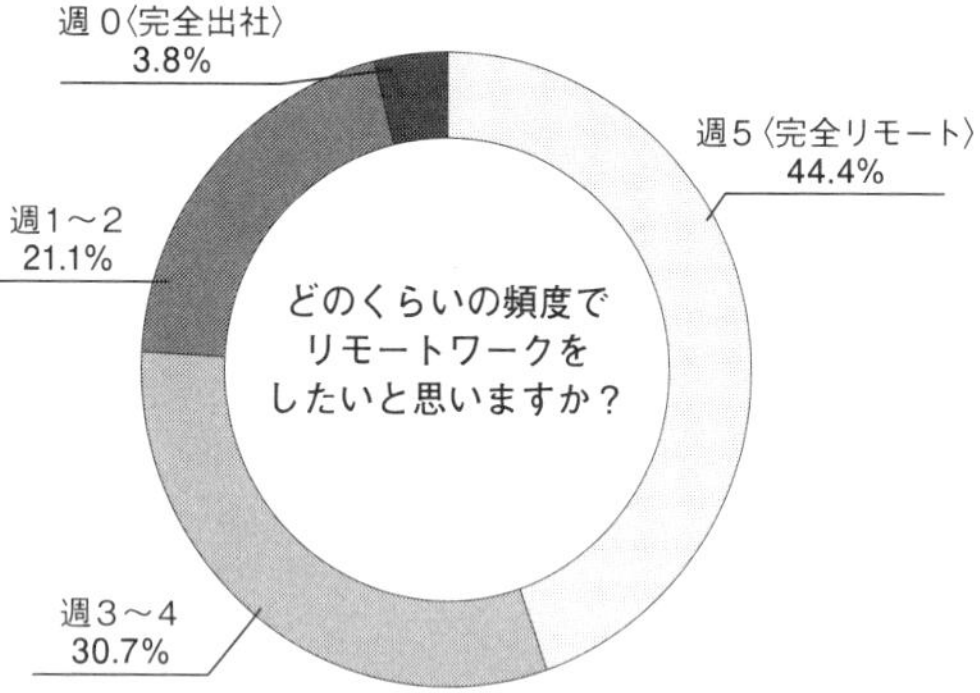


※調査期間2023年7月23〜30日、インターネットで実施。
（出典：株式会社ベンドによるアンケート調査）

学研ホールディングスのグループ会社であるベンドという会社が、リモートワーク経験者681人を対象にアンケート調査を行いました。

「どのくらいの頻度でリモートワークをしたいと思いますか？」という質問に対し、一番多かったのが「週5（完全リモート）」（44・4%）。「週3〜4」（30・7%）、「週1〜2」（21・1%）との回答がつづき、96・2%の人がリモートワーク体制の継続を望んでいることがわかりました。

いっぽう、毎日出社を希望する人は、

たったの３・８％にとどまっています。コロナ対応中の体制のほうが働きやすかった、と感じている人が大多数であることがこのデータからわかると思います。

果たして出社によって業務効率は変わるのでしょうか。

その点については、「そう思う・ややそう思う」（46・7％）と答えた人が一番多かったようです。ところが、そう答えた人たちに、出社とリモートワークでどちらがメリットを感じるか聞いたところ、半数を超える64・７％の人が「リモートワークの魅力が出社を上回る」と答えているのです。その理由は、「通勤時間の削減・自由時間の増加」でした。

「コロナ対応中のほうが働きやすかった」

と考えることに、多少の気まずさを感じる人もいるかもしれません。多くの方が罹患し、しかも落ち着いたとはいえ、現在も進行している事態なのですからそれも当然です。

しかし、大多数の方が同意見であるという事実もあります。

そう思うと、少し気持ちがラクになりませんか。

02

# ほどほどの結果を求めるほうが幸福度は高い

「あの人には負けてなるものか」

そんな競争心を持つことは、自分のモチベーションを高めるのに役に立つかもしれません。しかしいつでもだれかと競っていたら、心が休まりません。喜んだり、落ち込んだりと、感情がジェットコースターのように乱高下して、神経がピリピリし通し。

自分のペースを保つどころではなくなってしまいます。

特に繊細な心を持っている人は、他人と競うことは避けるのをおすすめします。それでも競争せざるをえなくなったときは、こんなふうに思ってください。

「私は、3位くらいでいいや」

決してトップを狙わず、ほどほどのポジションを目指すのです。

## 3位の満足度は意外と高い？

コーネル大学のヴィクトリア・メドベックは、バルセロナ・オリンピックに参加した選手の表彰式での表情を分析してみたことがあります。

もっとも幸せそうだったのが金メダリスト。これは容易に想像できます。では、次に幸せな表情をしていたのは銀メダリストかというと、そうではありませんでした。

次に幸せそうなのは銅メダリストだったのです。

銀メダリストは、決勝で負けて2位。これが悔しいので素直に喜べません。その点銅メダリストは、負ければメダルなしなので、3位の喜びもひとしおです。

もし社内でコンテストや競争が行われるのなら、熾烈《しれつ》な競争に巻き込まれないように、最初から3番手あたりでいいかな、と割り切って考えるようにしましょう。そのほうが精神的に疲れません。

もともと日本人は、「和」を重んじる国民性があるので、あまり競争を好まないということもあります。

フロリダ州にあるロリンズ大学のジョン・ヒューストンは、日本人、中国人、アメリカ人に同じ競争心テストを実施してみました。その結果、競争心の強さは日本人が最下位であることがわかりました。

　さっさと勝負の土俵から降りてしまうほうが、ストレスの少ない賢いやり方。相手に勝ちを譲ることで、「奥ゆかしい」「慎《つつし》み深い」という印象を与えますので、自分の株を上げることにもつながります。

03

# 楽しく仕事をするコツは「競争しない」こと

### 競争しないほうが遊ぶ時間が長くなる

| | 競争あり | 競争なし |
|---|---|---|
| 男性被験者 | 105.2秒 | 143.1秒 |
| 女性被験者 | 55.9秒 | 170.8秒 |

（出典：Deci, E. L., et al., 1981より）

競争しないことの利点は、無駄なストレスを抱えないで済むだけではありません。

米国ロチェスター大学のエドワード・デシは、男女40名ずつの参加者を集め、パズルのピースを組んで絵を完成させるという作業をやらせました。

このとき、同性のアシスタントと一緒に作業をするのですが、半分のペアには、「相手と競争してなるべく早く解いてほしい」と伝え、残りの半分のペアには「できるだけ早く解いてください」とだけ伝えました。

実験が終わったところで、しばらく自由時間があったのですが、どれだけパズルで遊ぶのかをこっそりと測定してみました。実験はすでに終わっているので、長くパズルに取り組むほど、「この作業は面白い」と感じたことになります。すると、前ページのような結果になりました。

男性でも、女性でも、競争しないほうが自由時間により多く遊びました。パズルを解くのが楽しくなったのでしょう。

デシによると、他の人と競争しようとすると、やる気もなくなり、面白さも感じなくなるそうです。

## 仕事は自分で楽しく取り組むもの

おそらく、自分の仕事がつまらないと感じている人は、他のだれかと競争しているからではないでしょうか。他の同僚たちよりも売上の成績をよくしたいとか、同期でトップになりたいとか、競争しようとすると仕事はつまらなくなりがちです。

もちろん、すべての競争が悪いわけではありません。

たとえば、自分自身との勝負。

過去の自分と比べて、今の自分のほうが作業を終えるのが早くなったとか、質の高い仕事ができるようになったとか、そういう勝負であればどんどんやりましょう。自分との競争なら、やる気もそがれませんし、ゲームのように感じるので、仕事も面白いと感じるはずです。

仕事はあくまでも自分の趣味のようなものだと考えましょう。自分で楽しく取り組むのがよく、他の人と自分のことをあまり比べたりはしないようにするのです。

04

# 成績を残す人ほど競争をしていない理由

私たちは、職場でトップの成績をとるような人ほど、負けん気が強くて、他の人とガンガン衝突しているのではないかと思いがちですが、現実はまったく逆であることを知っておかなければなりません。

ハーバード・ビジネス・スクールのボリス・グロイスバーグは、62の投資銀行のアナリストについて、『インスティチューショナル・インベスター』という雑誌でそれぞれのアナリストのランクを調べる一方で、同僚たちとの関係も調べてみました。

その結果、トップランクのアナリストほど、同僚たちの関係が「悪い」どころか、「非常に良好」ということがわかったのです。

トップランクのアナリストが、なぜトップでいられるのかというと、同僚と競争をして神経をすり減らすようなことをしていないから。また、同僚たちとの関係が良好なので、同僚たちも喜んでサポートしてくれるからです。だからトップになれるのです。

他の人とギスギスした関係ですと、仕事に集中できません。

これではよい成績をあげることなどできません。

トップランクのアナリストは、そういうことをちゃんとわかっていて、だからこそ同僚たちとは円満な関係を保っているのです。

## 「ちょっと助けてほしいんだ」

もうひとつ別の事例もご紹介しておきましょう。

アメリカには、ベル研究所という有名な科学系シンクタンクがあります。そこで働く研究員は、各方面から集められたトップクラスの技術者や研究者ばかり。それでも、研究員の実力には差があって、「花形」となる研究員がいます。

そこで、「花形」研究員と評価された上位15％と、その他の研究員とでは何が違うのかを調べてみたところ、面白いことがわかりました。花形研究員のほうが、ネットワークづくりに積極的だったのです。

花形研究員には、困ったことがあると、すぐに「ちょっと助けてほしいんだ」と頼める人がたくさんいました。普通の研究員は、問題を自分で解決しようとしていました。これが大きな違いでした。この事例は、『反常識の対人心理学』（相川充著、生活人新書）という本に出ていたものですが、どの業界のトップも、同僚たちとの関係はきわめて良好だということがわかります。

トップランクの人ほど、他の人たちと円満な関係を築くことに熱心なのです。イメージとはまったく逆なので驚いてしまいますが、できるだけ敵を作らず、味方を作るように心がけたほうが、仕事もうまくいくということを覚えておきましょう。

05

# プロだって
# プレッシャーに
# 負けるのだから、
# あなたが負けても当然

プロ野球の選手は、最高のパフォーマンスをするために専門家にお願いしてメンタル・トレーニングを受けています。

メンタル・トレーニングを受けているのですから、プレッシャーなどものともしないのかというと、そんなにうまくもいきません。プロとはいってもやはり人間ですので、プレッシャーには負けることも少なくないのです。

米国フロリダ州にあるエッカード大学のマーク・デイビスは、少なくとも年間160打席以上出場している300名のメジャーリーガーの打率を調べてみました。何を調べたのかというと、プレッシャーのかかる状況でのパフォーマンス。

前半のイニングより、後半のイニングのほうがプレッシャーは大きくなりますよね。そのためでしょうか、前半のイニングでは平均の打率は2割6分2厘でしたが、後半のイニングでは打率が2割4分5厘に下がることがわかりました。

また、ノーアウトのときより、ツーアウトになったときのほうが打者にはプレッシャーがかかりますが、このときにも打率は下がりました。ノーアウトのときの打率は2割8分6厘なのに、ツーアウトのときには2割3分1厘だったのです。

デイビスの研究は、結局、プロ選手といえども、プレッシャーには弱いということを明らかにしたといえるでしょう。

## 自分だけが心が弱いわけではない

プロでもプレッシャーのある状況では、うまく力を出せないのですから、ごく平凡な一般人である私たちが、プレッシャーに負けてしまうのは当たりまえ。うまくできるわけがないのです。

こんな風に考えてみると、仕事のプレッシャーもそんなに怖くないな、と思えるのではないでしょうか。かりに失敗しても、そんなに気に病む必要もないと自分を納得させることができます。

人前で話すときに、声が震えてしまうとか、うまく話すことができないことで悩んでいる人がいるとしましょう。クライアントの前で企画のプレゼンテーションをするたび、「自分はどうしてうまくできないのだろう」と自分を責めてしまいます。

もしそういう悩みがあるのなら、「プロだってできないんだから」と考えてみてください。どんな職業のプロでも、プレッシャーには負けるのです。

人間ならだれでもそう。

自分だけが心が弱いわけではない。

そう考えると、うまくできなくとも、そんなに気にならなくなります。

06

# プレッシャーは音楽が軽くしてくれる

テレビを見ていると、スポーツ選手がウォーミングアップのときにイヤホンで音楽を聴いている場面をよく見かけます。

なぜだろうと疑問に思ったことがあるかたもいるかもしれませんが、実はあの行動には大きな意味があるのです。

オーストラリアにあるヴィクトリア大学のクリストファー・メッサーノは、少なくとも5年以上の経験があるバスケットボール選手で、不安を感じやすく、すぐに息が詰まってしまうという悩みを持った男性24名、女性17名を集めて、10回のフリースローをしてもらいました。

まずだれもいないところで10回のフリースローをしてもらうと、だいたい60％くらいの成功率でした。

次に、8人のチームメイトが見ている前で同じように10回のフリースローをしてもらいました。人に見られるとプレッシャーを感じるのか、このときには成功率が約50％に落ちてしまいました。

最後に、イヤホンをつけてモンティ・パイソンの『オールウェイズ・ルック・

オン・ザ・ブライト・サイド・オブ・ライフ』という曲を聴きながら、やはりチームメイトが見ている前でフリースローをしてもらいました。すると、約70%くらいの成功率に上がりました。

## お守り代わりに音楽を使おう

プレッシャーを感じる状況でも、音楽を聴いていると、心はリラックスして、いつも以上のパフォーマンスができるようになるのです。

すぐに緊張してしまう人や、普段から大きな不安を感じやすい人は、スマートフォンの中にお気に入りの曲を用意しておき、それを聴くようにしましょう。そうすれば、簡単にリラックスすることができます。

音楽は、お守り代わりにもなります。

「好きな曲を聴きさえすれば、私はいつもの自然体を取り戻すことができる」と思っていれば、たとえ音楽を聴かなくとも、安心できます。私も、緊張しやすいタイプですので、いつでも音楽を聴けるように準備しています。

どんなジャンルの音楽でもかまいません。「これを聴くとすぐに落ち着く」という曲をたくさん見つけておきましょう。

07

# プレッシャーを感じるのはあなたが優れているから

プレッシャーが与える影響について先ほどお話ししましたが、とはいえ、プレッシャーにはいい側面もあります。

「えっ!?」と思われるかもしれませんが、本当です。

プレッシャーは、うまく転換させてしまえば、「やる気」のエネルギーに変えることができるからです。

ニュージーランドでは、ラグビーが国技とされています。そのため代表チームであるオールブラックスの選手は、とてつもないプレッシャーにさらされています。

では、どうやって選手たちはそのプレッシャーに向き合っているのでしょう。オタゴ大学のケン・ホッジは、オールブラックスのコーチや選手たちにインタビューを行い、その方法を探ってみました。

その結果、コーチは選手のプレッシャーをうまくやる気に変えていることがわかりました。「プレッシャーを感じることができるのは、お前たちの特権なんだぞ。強さが認められていればこそ、プレッシャーを感じることができるんだからな」というマインドセット（心構え）を持たせることで、やる気につなげていたのです。

弱いチームには、プレッシャーなどありません。「どうせ勝てっこない」と思われていたら、どのマスコミも取り上げません。マスコミが騒いでくれるのは、強いからこそです。コーチは、そういうことを選手たちに教えていたのです。

仕事でプレッシャーを感じたら、それをうまくやる気に変えましょう。

## 「これで私はまたステップアップできる」

「こんなに難しい仕事をまかされるのは、私が期待されているから」

「仕事ができる人間だと思われているからこそ、私に依頼をしてくれるのだ」

こんな風に考えるのがポイントです。

職人さんは、難しい注文が舞い込むと、「まいったな」と口ではいうものの、表情はとてもにこやかになるそうです。おそらくは、難しい仕事だからこそ、

「燃えてくる」のではないかと思われます。プレッシャーはやる気に変えることができるのです。

未経験の仕事をまかされたり、畑違いの仕事をやらされたりするとき、たいていの人はプレッシャーを感じると思うのですが、そんなときには「どうしよう？」ではなく、「面白そうじゃないか！」と口に出してみるといいですよ。

難しい仕事だからといって断っていたら、いつまでも自分の経験値はたまりません。こんなときには、「これで私はまたステップアップできる」と喜ぶべきなのです。

08

# 他人は
# あなたのマイナスに
# あまり気づかない

私たちは、自分のことを客観的に評価することができません。

他の人の目から見れば、十分にうまくできているのに、自分ではそんなにうまくできているとは思えないのです。自己主張が苦手で、他人に振り回されやすい人は特にその傾向が強いといえます。

カナダにあるブリティッシュ・コロンビア大学のリン・アルデンは、自己主張を測定するテストを受けてもらい、自己主張がうまい人とヘタな人を集めました。

そして両方のグループに、役割演技の実験だという名目で、相手の申し出を拒絶したり、相手と違う意見を述べてもらいました。それから、「あなたはどれくらいうまく自己主張できましたか？」と尋ねてみました。

その結果、自己主張が苦手な人は、「声が震えて、とてもヘタだった」とか「しどろもどろで、何をいっているのかわからなかった」という、かなり低い自己評価をしました。

次に、参加者たちが自己主張している場面をビデオに録画したものを、別の判定者に見せて、「この人は、どれくらいうまく自己主張できていますか？」と尋ねてみました。すると、判定者は、自己主張がうまい人も、ヘタな人も、どちらもスムーズに話せていたし、不安も感じていないように見えた、と答えたのです。

結局、「うまく話せない」というのは、本人の思い込みにすぎないことがわかりました。他の人から見れば、十分すぎるくらいうまく話せているのです。

## あと少しだけ自分に甘い点数をつける

私たちは、自分自身に対しては、ものすごく悪い点数をつけてしまうことが少なくありません。しかし、それは本人の否定的な思い込み。

自分では手や声が震えているように感じるのかもしれませんが、それを見ている人は気づかないレベルなのです。悪い評価をしているのは自分だけで、他の人はそんなふうに思ってはいない、と考えたほうがいいですよ。アルデンの実験で明らかにされたように、現実にそうなのですから。

自分に厳しくするのは、人間としての美徳だと思いますし、自分に厳しくするからこそ自己成長もできるわけですから、決して悪いことだとは思いません。ただし、それも程度問題で、あまりに自分を責めたり、自分をイジめたりするのはやりすぎ。

あと少しだけ、自分に甘い点数をつけてあげてもいいのではないでしょうか。

09

# 3割の人に好かれたら上々と考える

100人に出会って、その100人すべての人に好かれるのはムリです。自分がどれだけ頑張っても、それでも自分に嫌悪感を持つ人はいるものです。つまり、「だれからも好かれる」ということは達成不可能であり、現実離れした願望なのです。

マツコ・デラックスさんですとか、綾瀬はるかさんですとか、タレントの好感度ランキングで常にトップクラスの人でさえ、それでも嫌いだと感じる人は少なくありません。どれだけ魅力的な人でも、その人に対するアンチは必ず出てきます。

好感度の高いタレントさんですら、万人に好かれることはできないわけですから、ましてや有名人でも何でもない私たちが、そんなに好かれるわけがありません。

そういうわけですので、嫌われることに過剰に反応するのはやめましょう。「100人と出会ったら、そのうちの40人、いや30人に好かれれば十分すぎるほどだよ」と割り切って考えるべきです。そういう気持ちでいたほうが、かりに他の人から悪口をいわれたり、心無い言葉をぶつけられたりしても、気にせずにいられます。

## 嫌われることを当たり前に受け入れよう

カナダにあるマギル大学のシガリット・ローネンは、5つのホテルチェーンで働く従業員231名に調査を行って、職場で他の人から拒絶されるかどうかに過敏になっている人ほど、ストレスを感じやすく、感情的な疲労を感じやすく、燃え尽き症候群になりやすくなってしまうことを突き止めています。

嫌われることに過敏反応をしてはいけません。

むしろ嫌われることなんて、ごく日常的に起きるものだと考えてください。かりに嫌われても、当たりまえのことが当たりまえのように起きたのだと思いましょう。

他の人から嫌われても、拒絶されても、「ふぅん、だから何?」とすました顔でいるのがポイントです。嫌われることなんてよくあるわけですから、いちいち過敏に反応しないようにするのです。

現実的にいって、10人中2人か3人から好かれれば、もう十分に合格点。あまり高望みしないようにしましょう。

column 1

# 「期待」は劇薬

プレッシャーを感じたときは、「自分は期待を寄せられているんだ」とプラスに考えましょう、というお話をさせていただきました。

あなたを振り回すプレッシャーと付き合ううえで、これはとてもいい考え方であることに間違いありません。期待は喜びややる気をあなたにもたらし、気持ちが前向きになります。

その反面、過剰に期待を感じすぎてしまうとさらなるプレッシャーを呼び寄せてしまう危険をはらんでいます。期待は劇薬なのです。

ここでは、期待との付き合い方をご説明します。

オスロにあるノルウェー・スポーツサイエンス・スクールという公立大学のゲア・ヨーレは、1982年から2006年までのサッカーのワールドカップ、1

976年から2004年までのUEFA欧州選手権のPKのデータを調べてみました。

その結果、オランダ、イギリスなど、たくさんのタイトルを獲得している強豪国ほど、なぜか「PKは失敗しやすい」ということがわかったのです。イギリスのPKの成功率は67・7%で、オランダは66・7%でした。ちなみに、サッカー大国ではないチェコのPKの成功率は100%です。

どうしてサッカー強豪国の選手ほど、PKに失敗するのでしょうか。

その理由は、プレッシャー。もともとPKは、キックする側に有利で、ゴールを決めるのも難しくありません。

そのため、キックする側は「ゴールを決めて当たりまえ」と期待されます。これがプレッシャーになるのです。おかしな期待が失敗を招いたといえます。

## あらかじめハードルは下げておく

仕事でもそうです。

期待を寄せられていることを意識しすぎてしまうと、それがプレッシャーとなり、いつものような自然体でいられなくなります。ですので、かりに相手の期待が高すぎるように感じるのなら、「そんなに期待しないでくださいね」とあらかじめハードルを下げておいたほうがいつも通りのパフォーマンスを発揮できるでしょう。

私は、これまでに300冊近くの本を出させてもらっているからか、時折、編集者から信じられないほどの期待をかけられてしまうことがあります。

「内藤先生が執筆してくださるなら、今回の本は絶対にベストセラー決定ですね」

こんなふうにいわれたときには、私はすぐに否定しておきます。

「いやいやいや、とんでもない。本気で原稿を書きますけれども、売れるなんて保証はできませんよ」と。

相手に過剰な期待をされないようにしておかないと、緊張して執筆も進みません。売れなかった場合に、相手にガッカリされることは目に見えています。ですので、早め早めに、期待を下げるようなことを伝えておいたほうがいいのです。

第2章

# 自分のペースを取り戻す

10

# 朝、机についたら思うべきこと

仕事の生産性は、仕事を始めるときのテンションによって決まります。

「今日の会議、荒れそうで嫌だなあ」
「資料作り、企画書作り、打ち合わせ3件……今日は地獄の一日だ」

こんな気持ちで出勤していませんか。

仕事をスタートするときには、まず心を整えましょう。マイナスの感情にとらわれている自分を把握したうえで、あえてプラスなことを考えるようにします。

そうしてムードを高めておくと生産性が上がることが、心理学の実験からわかっています。

ペンシルバニア大学のナンシー・ロスバードは、大きな生命保険会社のコールセンター係、カスタマーサービス係、クレーム処理係の人たちを集めて、約3週間の調査を行いました。

何を調べたのかというと、毎朝、席について仕事を開始するときの気分。ワクワクしているのか、イライラしているのかを教えてもらったのです。また、会社の記録でその日の生産性も教えてもらいました。生産性は、通話時間、パソコンにログインしている時間、一時間あたりでの電話をかけた回数などで測定しました。

その結果、とても面白いことがわかりました。

仕事を始めるときの気分がポジティブだと、その日の生産性は高くなり、逆に、仕事を始めるときの気分がネガティブだと、生産性はそんなに高くなかったのです。

「何事も最初が肝心」といわれますが、仕事もそう。

楽しい気分で仕事をスタートすれば、その日はずっと気分も盛り上がって、自分のペースでいい仕事ができるのです。

## 朝食には黄色いものを

「そうはいっても、具体的にどうすればハッピーな気分になれるのかがわからないので、それを教えてほしい」

という読者もいると思いますので、そのための方法もお教えしましょう。

そのやり方とは、朝食には黄色いものを食べること。黄色い食べ物は、ドーパミンなどのハッピーホルモンを分泌してくれるので、だれでもすぐに幸せになれるのです。

イギリスの『サンデー・エクスプレス』誌の調査によると、オムレツを食べると元気が出てくると答えた人は61%。マカロニチーズが55%。バナナも55%。パンケーキが54%でした。

とにかく黄色のものであれば何でもかまいません。個人的には、バナナが手軽に食べられますのでおすすめです。

朝食を食べないという人もいるでしょうが、黄色の食べ物を食べて、たっぷりとハッピーホルモンを分泌させてから仕事に向かえば、自分でもびっくりするくらい仕事の生産性は高くなると思いますよ。ぜひ試してみてください。

11

# たいていの上司は「正直な意見」を求めていない

社会人になったら、タテマエとホンネの違いをきちんと理解しておかなければなりません。社会生活は、多くのタテマエによって成り立っています。基本的にはタテマエに従って行動するのが吉ですが、真に受けすぎてしまうと失敗を招くこともあります。

タテマエに翻弄《ほんろう》されないためには、その裏に潜《ひそ》むホンネを見抜くことが大切です。

たとえば会議の場。上司が、「思ったことをなんでもいってくれ」と提案してきたとしましょう。それを真に受けたあなたは、

「それでは意見を述べさせていただきますが……」

と上司の方針に真正面から異論を唱えました。すると、みるみる上司の顔色が変わっていき、あなたの意見への厳しい反論がくり広げられ……。こんな事態は、どこの会社でも起こっていることでしょう。

上司の提案は、風通しのよい会議を演出するためのタテマエ。ホンネでは、自分の方針を承認させたかったのです。それなら最初からタテマエなんかいう

なよ、と愚痴《ぐち》りたくもなりますが、こんな理不尽がまかりとおっているのも社会の一側面と理解しておかなければなりません。

## バカ正直では生きていけない

オハイオ州立大学のスティーブン・カーは、ある製造工場と保険会社で働く人たちに、「ボスには絶対服従」ということについてどう思うのかを聞いてみました。

すると、ある部署の管理職の人たちの88％は、これに反対しました。「うちの会社にイエスマンなんていらない」というのです。ところが、一般社員はというと、37％はイエスマンになることに賛成していました。また、他の部署でも、管理職の80％はイエスマンはダメだとし、賛成したのはわずかに10％。ところが、この部署でも一般社員の19％は、イエスマンになることに賛成したのです。

上役が考えていることが、必ずしも、下の人間の考えとは一致しません。「イエスマンなどいらない」と考えている上司でも、部下が何か反対意見をいったりしたら、いきなり不機嫌になるでしょう。つまり、それはただのタテマエ。一般社員はそういう現実をきちんとわかっているので、イエスマンであろうとするのです。

物事を正直に受け止めてはいけません。

正直であることはよいことですが、「バカ正直」では生きていけないのです。

カナダにあるトロント大学のソニア・カンは、「多様性は大歓迎」と謳《うた》っている企業でも、マイノリティの人を大歓迎しているのかというと、決してそんなことはなく、社員の採用に当たっては差別していることを突き止めています。「多様性は大歓迎」と述べているのは、あくまでもタテマエにすぎないのです。

タテマエとホンネが食い違うことはよくあります。

世の中は、きれいごとばかりではないのです。ホンネを見極め、タテマエに振り回されないよう注意しましょう。

# 12

# 「無難」な振るまいがあなたを守る

ビジネス書を読むと、「クリエイティビティ」（創造性）という言葉がやたらに出てきます。これからはクリエイティブな人間にならなければならない、というのです。多くの企業でも、「クリエイティブな人間を求む！」と謳《うた》っていますが、これは本当のことなのでしょうか。

いいえ、それは間違いです。

たいていの企業では、そんな人を求めてはいません。

ペンシルバニア大学のジェニファー・ミューラーは、実験参加者たちにグループを作ってもらい、「航空会社が、もっと利益をあげるにはどうすればいいでしょうか？」というテーマで話し合いをしてもらいました。

このとき、半数の人は、「できるだけクリエイティブな意見を出すように」と求められました。残りの人には、「あまり奇抜でないアイデアを」とお願いされました。

クリエイティブなアイデアを出すように求められた人は、「飛行機の中にカジノを作ってしまうのはどうか」などといったアイデアを出し、奇抜でないアイデアを求められた人は、「機内食を有料にすればいいのでは」という保守的な意見を述べました。

さて、話し合いが終わったところで、メンバーについての評価を求めると、クリエイティブな意見を出すように求められた人ほど、他のメンバーから悪く評価されることがわかりました。

クリエイティブな意見を出すように求められた人は、斬新さを追求するあまり、ふざけているという印象を周りに与えてしまったのでしょう。

## 私服で会社に行けますか?

基本的には、保守的で、無難に振るまっていたほうが間違いを起こさずにすみます。

「カジュアルデーだから、服装は私服でかまわない」といわれても、私ならフォーマルな服装で出社するでしょう。そうしておくと間違いがないからです。パーティの案内状に「平服で」と書いてあっても、普段通りの服装で行く人はほとんどいません。

社会の風潮は、どんどん変化していきますが、人間の心はそんなに早くは変化しないのです。「平服」というタテマエを前に迷ったとしたら、最大公約数がどこにあるかを意識しましょう。この場合、「フォーマル」です。

何か変わったことをやろうとすると、「出る杭は打たれる」のたとえ通り、周囲の人からは悪い印象を持たれるのが関の山です。

とかく責められがちな「無難」ですが、それを意識することで周囲の「白い目」を回避でき平和に暮らせるのだとしたら、選択肢として常に持っていたほうがよいのではないでしょうか。

13

# 心に余裕を持つために最悪の想定をしておこう

私たちの想定は、どうしても甘くなりがちです。

仕事の段取りを組む際、それぞれの工程に必要な時間を割り当てますが、それは「通常の状況の場合に必要な時間」であることが少なくありません。

メンバーが体調不良で休んだ。取引先からの納品が一日遅れそうだ。最終チェック段階でミスが見つかった……。こうした不測の事態が起きたとき、あなたの立てたスケジュールは見直しを余儀なくされ、各所調整に振り回されることになります。

こんなつらい思いをしないためにも、スケジュールを組むときには、もうこれ以上はないというくらいに最悪の想定をしておきましょう。

最悪の想定をしておけば、イライラしながら変更をしなくてすむので、心理的な余裕が持てるのです。

カナダにあるサイモン・フレーザー大学のロジャー・ビューラーは、卒業論文コースを受講した大学生に、「論文を仕上げる日数」を予想させてみました。すると、受講者たちは平均して「33・9日」と予想しました。

ところが、現実に受講生たちが論文を仕上げた日数はというと、平均55・5日。大幅に予定が狂ったことになります。

なお、ビューラーは、「最悪の事態が次から次へと起こったとしたら、どれくらいで仕上がると思いますか？」という予想もしてもらっていたのですが、学生はというと「それなら48・6日だ」と答えていたのです。

最悪の想定をさせても、それでもなお見積もりは甘いものの、現実に近い予想ができたことになります。

仕事の予定を立てるときには、必要なスタッフの数にしろ、金額の見積もりにしろ、かかる日数にしろ、とにかくすべて最悪の想定をしておきましょう。そのほうが後になって面倒なことになりません。

## 「絶交してもいいや」

人間関係でも同様のことがいえます。

友人とちょっとしたいい争いをして気まずくなったとします。その日はそのまま別れました。帰宅したあなたはこう思います。

「明日になったら元通りになっているだろう」

これでは甘い見積もりといえます。こんな場合は、「最悪の場合は絶交もありえる」と想定しておくのが正解。翌日友人と一言も話さない状況を想像してみる。平気なのか悲しいのか確認する。平気だったら「絶交してもいいや」と腹をくくる。悲しかったら、いい争いを振り返り、自分に悪いところがなかったか検証してみる。謝罪の言葉を用意しておく……。

事前にいろいろ準備することができ、心にも余裕が生まれます。

さて翌日。

もし元通りになっていたら、御の字。そのまま友人関係をつづけましょう。

気まずさが残っていたら、前日のシミュレーションを実行しましょう。

14

# 着実に仕事を進めるためにおすすめの「チェックリスト」

仕事をするときには、チェックリストがおすすめです。チェックリストがないと、「あれもやらなきゃ、これもやらなきゃ」とパニックになってしまい、収拾がつかなくなります。何から手をつけてよいのかわからなくなって、茫然自失する人も出てくるでしょう。

その点、自分がやるべきことを10個とか20個のチェックリストにして、ひとつずつマークを入れながら仕事をすると、どんなにたくさんの仕事を抱えていても、自分のペースで仕事をしやすくなります。

項目をひとつずつ潰していけば、そのうち仕事も終わります。しかも、ひとつの作業が終わるたび、リストにマルやレ点などのマークを入れていけば、「おお、もうこんなに終わったのか。あと3つだな」と進捗《しんちょく》も把握できるので、落ち着いて取り組むこともできます。

## 「うっかり」を防止するためにも

ウェスタン・ミシガン大学のジョン・オースティンは、ダイニングレストランで働く7名の皿洗いスタッフと、11名の接客担当者と協力して、まずは作業のチェックリストを作成しました。皿洗いスタッフでは26項目のチェックリストができあがり、接客担当者には25項目のチェックリストができました。

チェックリストを使っていないときには、ついうっかり作業をやりそびれてしまうことがありました。ところが、チェックリストを使って仕事をしてもらったところ、作業をし忘れることもなくなりました。

同じような研究は、アパラチア州立大学のジェシカ・ドールもやっています。ドールがスキーショップの店員に対して、「カウンターを磨く」「ゴミ箱はつねに空にしておく」などのチェックリストを使って仕事をしてもらったところ、スタッフたちはみな清掃活動に熱心になってくれたそうです。

チェックリストを使わないときには、接客用のカウンターが少しくらい汚れていても、スタッフは拭き掃除をしませんでしたが、チェックリストを使うようにすると、清掃活動も積極的になり、使う前より52%も清掃活動が増えたのです。

どんなに大きな仕事でも、できるだけ細かく分割し、まずはチェックリストを作ってみることです。

ひとつひとつの作業は、そんなに難しくないことに気づくはずです。

「なんだ、意外と簡単だったんだ」

という気づきを得られるでしょう。気分も軽くなるので、スムーズにこなすことができるはずです。

15

# 「リストアップ」があなたのモヤモヤを解消してくれる

読者のみなさんは、悩みの根本的な原因について、きちんと診断できているでしょうか。本書を手に取ってくださったかたは、「自分を振り回すもの」が悩みのタネであると想像できます。しかし、実はその悩みが見当違いだったとしたら？　本書を読んでも悩みは解決できないかもしれません。悩みの本質をつかむことができず、モヤモヤが膨らむ。そんな状態に陥ることは少なくありません。

悩みごとや問題があるのなら、まずは正しく原因をつかむことが大切です。ハーバード・ビジネス・スクールのトーマス・ウェデル＝ウェデルスボルグは、いろいろな企業の106名の重役の調査をしてみたのですが、85％は組織における問題を正しく診断できていないことを突き止めました。

たとえば、マンションのオーナーが、住民から「エレベーターが遅すぎる」という苦情を受けたとしましょう。

たいていのオーナーは、新しいエレベーターを設置しなければ問題を解決できないと考えてしまいます。しかしこれでは大変なお金がかかります。問題は解決できても、大きなコストもかかるのだとすると、あまり良い方法とはいえません。

## エレベーター待ちのイライラを解消するには？

ウェデルスボルグによると、住民の「エレベーター問題」は、新しいエレベーターを設置しなくとも解決できます。

ホールの壁に大きな鏡を設置すればよいのです。

問題の本質は「エレベーターがくるのが遅すぎる」点ではなく、「エレベーターがこないことによる住民のイライラ」。これを解消するために必要なのが大きな鏡だったというわけです。私たちは、自分の姿を鏡で見ていれば、何時間でも飽きませんからね。待ち時間の苦痛が和《やわ》らぐ絶妙な解決策といえます。

このように、悩みごとがあるときには、正しく問題の本質を見抜くことが大切です。

たとえば、ある人の発言がどうもひっかかった。でもその原因がわからなくてモヤモヤする。こんなときは、考えられる原因を列挙してみましょう。

1　自分を非難しているように聞こえたから
2　知識をひけらかしている感じが鼻についたから
3　自分の気持ちを勝手に決めつけられたように感じたから

それぞれ対処法は変わってきますよね。1が原因だとしたら、自分の問題点を指摘してくれたことに感謝してみてもよいかもしれません。2に対しては、知らないことを学べて勉強になった、と思ってみたり。3に対しては、「相手に決めつけられたのとは違う自分の本当の気持ち」を改めて確認する機会になった、と思ってみたり。

解決策が完璧である必要はありません。悩みの本質をつかむ癖を作ることが大切です。モヤモヤが心の中にあらわれたら、まずその理由を箇条書きにしてみてください。それだけでも、意外と心が晴れてくるものですよ。

16

# 不安を多く抱えている人ほど、危機管理能力が高い

不安はネガティブな感情だと思われていますが、考え方を変えて「不安だからよいのだ」と思うようにしてみませんか。

ハーバード大学のジェレミー・ジャミーソンは、GREというアメリカやカナダの大学院に進学するのに必要な共通試験を受けてもらう前に、あるグループにだけ、「不安を感じると実力を発揮できないと思われていますが、最新の研究ではむしろ良い成績がとれることが判明しているのですよ」と教えました。

それから3か月後、GREの結果が出たところで、各自の成績を教えてもらうと、「不安を感じると良い成績がとれる」と教えられたグループは、そのほかのグループよりも平均66点も高い成績をとることができました。なお、GREは340点満点の試験です。

不安を感じるのは、決して悪いことではありません。

むしろ、不安はやる気の原動力にもなります。不安を感じたときには「ラッキー」だと思ったほうがいいですし、たえず不安を感じるのであれば、「私は心配性だからこそ、大きな間違いをせずにすむのだ」と考え方を変えてみましょう。

## 1回目の試験に失敗したからこそ

ノートルダム大学のスザンナ・ナスコは、293名の大学生に1か月の期間をあけて2回の試験を受けてもらったことがあるのですが、1回目の試験で失敗した学生ほど、2回目の試験で好成績をとれることを突き止めました。

なぜ1回目の試験で失敗した人のほうが、2回目は好成績だったのでしょうか。

その理由は、1回目の試験で失敗した学生は、「これはヤバいぞ」と不安になったから。不安になって、次の準備をしっかりしたことにより、2回目の試験では好成績だったのです。

仕事がうまくいくのも、たいていは楽観的な人より、心配性の人のほうではないでしょうか。

心配性の人は、周到に準備をします。準備をすることによって不安を打ち消そうとするのです。たとえば営業に出かけるときや、プレゼンをするときには、入念にリハーサルをしたり、ひとつのプランがうまくいかなくなったことを想定して、予備のプランもいくつか用意をしたりします。

「いつも不安を感じてばかりで」

と悲観することはありません。

不安を多く抱えている人ほど、危機管理能力が高い。

そう考え方を変えてみたら、気持ちが楽になりませんか。

# 心の動揺は1週間寝かせれば自然に落ち着いてくる

17

私たちの心は、そんなに弱くはありません。

「私はメンタルがものすごく弱いのです」という人もいるかもしれませんが、それは心の強さを過小評価しすぎています。私たちの心はそんなに簡単に折れたり、壊れたりするものではありません。

私たちの身体は、細菌やウイルスが体内に侵入しようすると、自然にそれらをやっつけようとします。これが免疫系の働きです。

風邪をひいたときには、だれでも体温が上がります。なぜそうなるのかというと、細菌やウイルスをやっつけるため。たいていの細菌やウイルスは熱に弱いので、体温を上げて身体を守ろうとするのです。薬など飲まなくとも、2、3日横になっていれば風邪は治ります。

抑うつや気分の落ち込みは、いってみれば、心の風邪。

そんなに慌てなくとも、心はちゃんとそのうち正常に戻ります。

ですので、少しくらい心が動揺したからといって、すぐに何かをしようとしなくともよいのです。

## 心の自然治癒力を信じてみよう

配偶者が亡くなったとき、残されたほうはとても悲しい気持ちになりますが、コロンビア大学のジョージ・ボナーノは、多くの心理学者が推奨しているカウンセリングなどは必要がないと述べています。たいていの人は、自らの力で、人間関係の喪失から立ち直るのであって、カウンセリングなどを受けると、かえって心の回復力が弱められ、事態がさらに悪化する可能性すらあると指摘しています。

カウンセリングなどを受けなくとも、心はそのうち元通りになるのです。失恋したとか、受験に失敗したとか、仕事をクビになったとか、いろいろな出来事で私たちの心は激しく動揺するかもしれませんが、何もしなくとも心は元に戻ります。心の回復力は、私たちが思っている以上に大きいのですから。

読者のみなさん自身の経験で考えてみてください。

人生において、どれほど苦しい思いをしたことがあっても、今はどうですか。

「たしかに、あの当時にはひどく傷ついたように思ったけど、今となっては何ともないな」

と思えるのではないでしょうか。

もしこれからひどい出来事が起きたとしても、これまでの人生を思い出してみましょう。意外と何とかなってきたように、苦しい思いも乗り越えることができます。

たとえ心が動揺するような出来事が起きても、パニックにならないように。

「今回の悩みも、1週間も寝かせれば自然に落ち着いてくるはず」

と考えて、のんびり構えていましょう。

18

# 自分を振り回す やっかいな「欲」を 簡単に遠ざける方法

私たちを振り回すのは他人だけではありません。自分のなかにも、やっかいな存在はいます。それが「欲」です。

「食欲」「性欲」「睡眠欲」を三大欲求などといいますが、それ以外にも、物欲、ギャンブル欲、最近では承認欲求などという言葉もよく聞くようになりました。

欲がやっかいなのは、快感をともなうところ。

食欲を研究した実験をご紹介しましょう。

米国オレゴン・リサーチ研究所のエリック・スタイスは、ＢＭＩが33以上の肥満の女性と、ＢＭＩが19・６以下のスリムな女性を集め、４時間から６時間ほど絶食してもらって実験室にきてもらいました。

そこで味覚の実験と称してチョコレート・ミルクセーキを飲んでもらい、そのときの脳の活性化を磁気共鳴機能画像法（ｆＭＲＩ）という特殊な装置で調べてみました。

すると、スリムな人はそうでもなかったのですが、肥満者はチョコレート・ミルクセーキを口にしたとたん、脳の報酬系をつかさどる領域が活発に動きだすことがわかりました。つまり、肥満者ほど食事から「快楽を得やすい」のです。

## 欲求を抑えるための「プリコミットメント戦略」

人は快楽を感じれば感じるほど、なかなかそれをやめることができなくなります。

では、太っている人は、快感を求めつづけてより太るよりほかないのかというと、そうではありません。

解決策はいたって簡単。食べ物を避ければいいのです。

目の前においしそうなものがあると、それを見ただけで脳の報酬系が活性化してしまうわけですから、そうしないようにするのです。これを「プリコミットメント戦略」と呼びます。

たとえば、食事に行くときには、あらかじめ店員さんに「食事がすんだ後に、カートでデザートを持ってこないでくださいね。おいしそうなケーキを見ると、私は食べたくなっちゃいますので」と断っておくのです。

買い物に出かけるときには、お菓子やアイスのコーナーには近づかないようにしましょう。おいしそうなものを目にすると、どうしても欲求が抑えられなくなりますから。

お酒が好きな人は、飲み屋街には最初から近づかないようにします。店のない道を選んで歩くようにすれば、脳の報酬系も活性化しませんので、欲求を感じることもありません。

いったん欲求を感じると、それを抑え込むのは至難の業。どんなに理性で抑え込もうとしてもうまくいきません。ですので、自分の欲求に振り回されたくなかったら、そもそも欲求を感じないように、事前に手を打っておくのが最善なのです。

column 2

# せわしない人生を送りたくなければ

「都会の人は心が冷たく、田舎の人は温かい」とよくいわれます。これは単なる俗説ではなくて、どうも事実のようですよ。

都会には人が多すぎるので、いちいち他人にかまっていたら疲れてしまいます。そのため、「他の人などどうでもいい」という思考習慣を身につけてしまう人が多いのです。

ジョージア・サザン大学のシャウナ・ウィルソンは、都市部と田舎で面白い実験をしています。

歩行者を見かけたらその前を歩き、封筒をこっそりと落とすのです。その封筒を10秒以内に拾ってくれるかどうかを測定してみました。

その結果、「封筒、落としましたよ～」と声をかけて封筒を拾い上げてくれる親切な人の割合は、田舎のほうが高くなりました。都市部では歩行者の60％が拾ってくれましたが、田舎では80％が拾ってくれたのです。

また、助けてくれるまでの時間も、田舎のほうが早いということもわかりました。都市部の人が助けてくれるまでには5・6秒かかりましたが、田舎では3・7秒だったのです。

## ●●・だれかが当たりまえのように助けてくれる・●●

似たような研究は、ウェスト・フロリダ大学のステファン・ブリッジズも行っています。

ブリッジズが、やはり都市部と田舎の小さな町で封筒を落としてみたところ、都市部で拾ってくれたのは39・3％でしたが、田舎の小さな町では92・9％でした。約93％というのは、かなり高い数値だと思いませんか。

田舎の人は、困っている人のことを放っておきません。

だれかが当たりまえのようにすぐに助けてくれます。

もし都会で暮らしていて、「うちの職場では、だれ一人として挨拶もしてくれない」といった悩みを抱えているのでしたら、いっそのこと田舎で暮らしてみるのはどうでしょうか。

地方に拠点を移す会社も少しずつ増えてきました。リモートワークのノウハウも蓄積されていますし、田舎で暮らしながら都会の会社で働くという選択肢もこれから広がっていくかもしれません。

## ●●・あなたの心を落ち着かせてくれる音・●●

田舎暮らしをおすすめする理由は、人の親切さからだけではありません。

アラバマ大学のルイス・バージオは、2つの介護施設にお願いして、施設内で自然の音を流してもらうようにしました。山の音や海の音をBGMのように流してみたのです。

この施設では平均83歳のお年寄りたちが集まっていたのですが、自然音を流さないときには、57・61%の人が大声でわめいたり、叫んだりしていたのに、BGMとして自然音を流すようにするとその割合を51・70%に減らすことができました。

自然音には人の心を穏やかにする効果があることがわかったのです。

とくにおすすめなのが水辺です。

英国エセックス大学のジョー・バートンによると、水辺を歩くことは私たちのメンタルの健康にとてもよい効果を見せてくれるそうです。

大きな川が流れていて河川敷がある場所などは最高ですね。せせらぎを聴きながら、涼しげな風に吹かれて、水鳥が泳ぐ様子を眺める。想像するだけで心が癒されます。

もちろん、田舎への移住には様々な困難がともないますので、思い立ってすぐに実現できることではありません。

そんなときには、スマホのアプリがおすすめです。

波の音や川の音など、様々な自然音を集めたアプリが多数あります。好みの音を選んで通勤電車で聴くようにすれば、朝一番の仕事にも落ちついてのぞめるはずです。

# 第3章

# やっかいな他人のかわし方

19

# その思い込み、実はあなたを苦しめています

私たちは、自分の脳内で勝手なイメージを作り上げてしまうことが少なくありません。そのイメージに影響を受けて、自分のペースを乱すこともままあるものです。とりわけやっかいなのが、「悪い思い込み」。

あの人は自分のことを嫌っている。
自分にあたりが強いのもそのせいだ。

実はあなたのためを思っての行動であったとしても、思い込みのせいで相手の善意を悪意に受け取ってしまうのです。悪い思い込みが強すぎると、たえずピリピリと緊張していなければならず、無意味に疲れ切ってしまいます。これでは人間関係を楽しむことなどできないのではないでしょうか。

私たちが人の善意を過小評価してしまう傾向にあることは、実験でも確認されています。

## 世の中そんなに悪い人はいない

コロンビア大学のフランシス・フリンは、42名の大学生に、「知らない人に10分かかるインタビューを頼んできてほしい。さて、5人のノルマを達成するのに、何人に声をかけなければならないと思う？」と尋ねてみました。

すると平均で「20・5人」という答えが返ってきました。応じてくれるのは4人に1人くらいで、4分の3は拒絶するだろう、と推測したのですね。

ところが実際にインタビューを頼みに学生を送り出したところ、現実には10・5人に声をかけただけで達成できました。20人に声をかける必要などありませんでした。

次にフリンは第2実験として、「他人の携帯電話を借りるのに、何人に声をかけなければならないと思う？　ノルマは3人」という課題で見積もってもらいました。

すると、学生の見積もりの平均は10・1人でしたが、実際に試してみると平均6・2人で課題を達成できました。

さらにフリンは第3実験として、「離れた場所にあるキャンパス施設まで、道案内をお願いしてほしい。ノルマ1人」という課題で見積もりをしてもらいました。学生の推測した平均は7・2人でしたが、実際には2・3人でうまくいきました。


この実験でわかるように、私たちは、人の善意をかなり過小評価しています。世の中には、そんなに悪い人なんていません。たいていは、自分と同じように、気のいい人たちばかりなのです。

「私が何かをお願いしても、どうせ断られるに決まっている」などと、ネガティブな考えをするのはやめましょう。お願いしたいことがあれば、お願いしてみてください。全員が応じてくれるわけではありませんが、かなりの高確率でOKしてもらえるはずですから。

20

# とりあえず伝えてみると モヤモヤは少なくなる

あなたは自分の要望をはっきり伝えるタイプですか。それとも察してもらうのを待つタイプですか。

慎み深いのもひとつの美徳ですが、遠慮してばかりでは、あなたの思い通りの人生から遠回りすることになってしまいます。

私たちは、超能力者ではありませんので、相手がどんなことを考えているのかはわかりません。口に出していってあげないと、相手にも伝わりません。

たとえば、あなたが会社の給料に不満を持っているとしましょう。

「うちの会社、いつまでも給料が上がらないんですよ」

「『給料を上げてほしい』って、お願いしてみました？」

「いいえ、どうせムリでしょうから」

「一度もお願いしたことはないんですか？」

「はい、一度も」

「給料を上げてほしい」と会社に伝えなければ、どういう結果になるのでしょうか。

ごく普通に推論すれば、「給料を上げてもらえるわけがない」ということになります。昇給のお願いをしなければ、会社側（上司や社長）は、あなたは今の給料で何の不満もないのだな、と思うからです。

## うまくいけば儲けもの

米国ヴァージニア州にあるジョージ・メイソン大学のミッシェル・マークスは、さまざまな業種の新入社員１４９名（それぞれの会社に3年以内に雇われた人たち）に給与交渉したかどうかを尋ねてみました。

会社と交渉したのは１１０人で、しなかったのは39人という内訳になりました。

調べてみると、給料が上がったのは、交渉した人だけ。交渉をしなかった39人の中で、昇給したのはゼロでした。まあ、当然の結果ですよね。

こちらから「給料を上げてください」とお願いせず、心の中で「給料上げてくれないかなあ?」と思っているだけでは、ほぼ確実に昇給はしてもらえないことを覚悟しておく必要があります。

人間関係でも同様のことがいえます。何か要望があるのなら、どんどんそれを伝えましょう。

うまくいけば儲けものですし、かりにうまくいかなくとも、現状と変わらないだけですので、どちらに転んでもこちらにデメリットはありません。いや、モヤモヤした気持ちがなくなることを考えれば、それだけでも十分にメリットがあると考えられます。

21

# カドを立てずに無理難題をかわすためには

突然飛んでくる「無理難題」。同僚や友だちならまだ抗議する余地がありますが、立場が上の断りづらい人に限って無理難題をいってきがちなのが困ったところ。

拒否したらカドが立つので、仕方なく受け入れた経験を持つ人は少なくないはずです。

無理難題をそのまま受け入れていると、心の中に相手に対しての不満や怒りが湧いてしまいます。それらが、自分のメンタルに悪影響を及ぼすことはいうまでもありません。

そんな状況を打破できるのが、「要求を返す」ことです。

たとえば、上司から残業を求められたとしましょう。しかもサービス残業です。

「悪い、今週も残業お願いできる？」

たいていの人は、苦虫をかみつぶしたような顔をして、それでも嫌々ながら引き受けてしまうでしょう。これでは精神的によくありません。そこで、こちらからも何らかの要望をぶつけるようにするのです。

「ええ～、それじゃ終わったら夕飯おごってくださいよ」

そんなに大きなお願いでもなければ、相手も「わかった、わかったから」と応じてくれるものです。うまくいけば、こちらも一方的に無理強いされたわけではないと感じられますので、心の中にうっ憤《ぷん》がたまらずにすみます。

かりにこちらの要望を上司が断ってくるようなら、要望のレベルを一段階下げて、

「じゃあ、終わったら自動販売機の缶コーヒーでもおごってください」

と再度交渉しましょう。ようするに、自分がほんの少しでも納得できるように、完全には相手のいいなりにならないようにするのがポイントです。

クライアントから商品の値下げを求められたときも同様です。すぐに交渉に持ち込みましょう。

「商品の単価なんだけどさ、次回から1個100円でなく、85円にしてくれないかな」

「いいですけれど、注文の個数も2倍にしてもらえませんか？」

こんな感じで切り返しましょう。

「そんなことをしたら、相手を怒らせてしまうのでは？」と思うかもしれませんが、そうはなりません。

## 好かれるのは交渉してくる部下

ノースカロライナ大学のベネット・テッパーは、347名の企業に所属しているマネジャーに部下とのやりとりを思い出してもらったのですが、マネジャーたちが好むのは、上司からの要求を「拒否」したり、「無視」したりする部下ではなく、「交渉」してくる部下であることがわかりました。

上司は、「代わりに、○○してもらえませんか？」と交渉してくる部下のことを、そんなには嫌わないのです。安心して交渉に持ち込んでみましょう。

22

# 気分の乗らない誘いを じょうずに断る方法

「いいたいことがあるのに自己主張ができない」
「本当は断りたいのに、うまく断れずにモヤモヤしている」

そんな悩みを抱えている人は少なくありません。特に、突発的にこうした事態に巻き込まれた際にうまく対応できず、結局仕方なく相手の要求に従ってしまうというケースは多いことでしょう。

こうした悩みを解消するためにおすすめなのが、「リハーサル」です。

たとえば、「行きたくない飲み会に誘われたとき」というような具体的な状況をまず設定します。そして、どう断れば一番カドが立たないのかを考えてみましょう。

「週末は子どもと遊びたいので、ちょっと遠慮させてください」
「最近、夕方からスポーツジムに通うようにしているんです」
「実は、健康診断で引っかかっちゃって。お酒は少し控えてまして」

セリフを作ったら、そのセリフを何度も口にしながらリハーサルもしておきます。何度も試しておけば、いざというときスムーズに口から出てきます。

このようなトレーニングを、心理学では「行動リハーサル法」と呼んでいます。

## スムーズに自己主張するために

ウィスコンシン大学のリチャード・マクフォールは、自己主張が苦手な人ばかりを募集し、42人に集まってもらいました。その42人に行動リハーサルの訓練を受けてもらったのです。

たとえば、「映画のチケットを買うために列に並んでいると、割り込みしようとしている人を見つけました」という具体的な状況に対して、自分なりにどうコメントすればいいのかを考えてもらったのです。「他の人もずっと並んでいるのですから、きちんと最後尾に並んでくださいよ」というように。

それから何度も口に出してリハーサルしてもらうと、自己主張が苦手だった人もそれなりにうまく自己主張ができるようになりました。

行動リハーサルの訓練を受けていないグループでは46・16%しかうまく自己主張できませんでしたが、訓練を受けたグループでは62・94%がうまく自己主張できるようになったそうです。

噺家《はなしか》やお笑い芸人は、テレビのトーク番組で面白いことをポンポン話していますが、すべてをアドリブでやっているのでしょうか。

いいえ、そうではありません。プロの人たちは、みなあらかじめ面白いネタを仕込んで、しっかりとリハーサルしているのです。だから、テレビカメラの前で、面白いことをいえるのです。

素人の私たちなら、なおさらです。上手に自分の主張を通すために、状況別のセリフを用意しておき、くり返しリハーサルしておきましょう。

23

# いいにくいことは「最初」に切り出してみる

若い新人さんとのかかわり方がよくわからない、と愚痴をこぼす中高年は少なくありません。

若者に厳しいことを伝えると簡単に会社を辞めてしまいそうな気がするので、いいたいことがあってもなかなか伝えられずに悶々としているのです。

そこで苦肉の策として、会話術の本などによく出てくる「サンドイッチ法」を実践している人もいるのではないでしょうか。

ちなみにサンドイッチ法というのは、まずホメて、それから相手に直してほしい点やアドバイスを伝え、最後にもう一度ホメてあげるというやり方です。ネガティブな内容をポジティブな内容ではさむので、サンドイッチという名前がつけられています。

けれども、実際のところ、サンドイッチ法はあまりおすすめできる方法ではありません。

### サインドイッチ法はあまり効果がない

| | | | | | |
|---|---|---|---|---|---|
| 第1条件 | ポジティブ<br>（「いいね」） | → | ネガティブ<br>（「パンフレットの向きにも気をつけて」） | → | ポジティブ<br>（「よくできてるよ」） |
| 第2条件 | ポジティブ | → | ポジティブ | → | ネガティブ |
| 第3条件 | ネガティブ | → | ポジティブ | → | ポジティブ |
| 第4条件 | コントロール条件（一切、何も伝えない） | | | | |

## ネガティブからのポジティブ話法で

米国カンザス大学のアミー・ヘンリーは、参加者に疑似的なオフィス作業（パンフレットを半分に折って、封筒に入れる）をやらせて、サンドイッチ法の効果を実験的に確認してみました。

ヘンリーは、いくつかの条件を設定しました。図式的にあらわすと上記のようになります。

第1条件が典型的なサンドイッチ法でしたが、いわれた人の作業量がアップするようなことはありませんでした。

一番効果的だったのは、なんとネガティブなことを最初に伝えて、その後にポジティブなことを2つつづける第3条件のやり方でした。

というわけで、もし新人や自分の部下に何かを伝えたいときには、さっさとそれを切り出してしまったほうが効果的です。もちろん、その後に、ポジティブなことをひとつ、ふたついってあげてフォローすることを忘れずに。

# 24

# 同僚から妬みややっかみを持たれないふるまい方

昭和最後の内閣総理大臣だった竹下登《たけしたのぼる》さんは、「気配りで総理になった」といわれるほど敵を作らない性格でした。そんな竹下さんの口癖は、「汗は自分でかきましょう、手柄は人にあげましょう」だったといわれています。

この姿勢は私たちもぜひ見習いたいものですね。

敵を作らなければ、足を引っ張られたり、嫌がらせを受けたりすることもありません。つまりは、のびのびとした人生を歩めるわけです。

ノーザン・イリノイ大学のステファニー・ヘナガンは、4つの不動産会社の販売員で、社内賞をとるほどの優秀な販売員がどのようなことを心がけているのかを調べてみました。

その結果、社内コンテストで優勝する人ほど、同僚たちからの妬みや怒りなどを持たれやすいので、手柄を他の人にゆずってしまうという作戦をとっていることが明らかにされました。

「いやいや、私がうまくいったのは、課長のおかげですから」

「ほとんど部下が下地を作ってくれたので、私は何もしていません」

「○○さんのサポートがなければうまくいきませんでした」
こんな感じで、自分の手柄は他の人にゆずってしまいましょう。そうすれば、妬みを買うこともありません。

## 自分の貢献度は小さく見積もる

妬みを買うと、いちいち仕事の邪魔をされることになり、そのたびに面倒くさいと感じることが増えます。そうならないようにするためには、他の人に手柄をゆずってしまったほうがいいわけです。

「それでは、自分の努力が報われないではないか」

「せっかく賞をとったのに意味がないではないか」

と思う読者もいるでしょう。

ですが、手柄を他の人にゆずっても、周囲の人たちはだれが頑張っていたのかは何となくわかるものです。謙虚な自己アピールをしていたほうが、周囲の人たちからの評価も高くなります。つまり、努力が報われないとか、意味がない、ということにはならないのです。

チームやグループで仕事をしている人も少なくないと思うのですが、こういうときにもチームの業績に対する自分の貢献度は、できるだけ小さく見積もらなければなりません。そういう謙虚な姿勢を見せることが大切です。

どんな業界の、どんな職場でもそうだと思うのですが、偉そうな態度の人はたいてい嫌われます。逆に、謙虚な姿勢をとっている人は、どんな職場でも人気者になれるものなのです。

25

# 相手の意見は ほとんど変わらない

自分の意見と違う人に出会ったとき、私たちはその人の意見を変えようとしがちです。あの手この手を使いながら議論して、自分の意見を受け入れるように相手を説得しようと試みるのです。

けれども、人の意見や信念というものは、そう簡単に変わるものではありません。

## 人間は頑固な生き物

私たちは、自分の意見と一致するものしか受けつけない傾向にあります。

これを心理学では「一致効果」と呼んでいます。

ハーバード大学のキャス・サンスティーンは、「気候変動は人間が引き起こしたものだ」と信じている人は、「平均気温の上昇は、以前に想定されていたほどでもない」という文章を読ませても、その内容を受け入れないことを明らかにしました。

もうひとつ別の研究もご紹介しましょう。

ドイツにあるマールブルク大学のピーター・ナウロスは、テレビゲームをする習慣がある人に、「テレビゲームは、人間の暴力性を高める」という記事を読んでもらったのですが、やはりというか、その内容には反対し、受け入れることはありませんでした。

私たちが受け入れるのは、基本的に自分の意見に一致するものだけ。

自分の意見と一致しないからといって、相手と議論するのはやめましょう。議論になりそうになったら、さっさと勝負の土俵から降りてしまうことです。「なるほど、キミのような考えもあるのだね」とさらりとかわしておいたほうが、その人との関係も悪くなりませんし、自分も疲れずにすみます。

たとえどんなに正当性のある根拠や証拠を示すことができるとしても、議論は避けましょう。逆に相手が感情的に反対してきて、そもそも議論が成り立たないという不毛な事態に陥りがちだからです。

『朝まで生テレビ！』という討論番組を見ていても、お互いが感情をあらわにしてなじりあう場面をよく見かけます。自分の意見をコロリと変え相手に納得するシーンはほとんど見たことがありません。それくらい人間というのは頑固な生き物ですので、最初から議論などしないほうがいいということを覚えておきましょう。

もしだれかと議論になりそうになったら、適当なところでうまく切り上げ、話題をうまく変えてしまうのもおすすめです。

# 26

# 「今日はそういう気分なんだね」と軽く受け流す

あなたはいつも、本心から言葉を発していますか。

自信を持って「はい」と答えられる人は、少ないのではないでしょうか。

人間関係を円滑にするための方便、お世辞、謙遜《けんそん》など、様々な場面で本心ではない言葉を口にしているはずです。

コミュニケーションの一環としてだけではありません。人間は対人関係をより有利にするために、本心とはかけ離れたことをいう場合があると明かした心理学の実験があります。

## 相手の反応に一喜一憂しない

テキサスA&M大学のシャーレン・ミューレンハードは、610名の女子大学生に、男性から誘われたとき、「気持ちとしてはOKでも『ノー』といったことが一度でもありますか？」と聞いてみたのですが、なんと39・3％の女性が「はい」と答えました。約４割もの女性が本心とはまったく逆のことをしたことがあるというのです。

ミューレンハードは、どうして断ってしまうのかの理由も尋ねてみました。90％の女性は「軽い女だと思われたくないから」と答えました。

また、「じらすことで、もっと自分に気を引きたいから」と答えた人は75・7％もいました。

ミューレンハードの研究では、調査対象者が女性だけでしたが、男性について調べても、同じような結果が得られたかもしれません。

男性でも、本心では「ＯＫ」といいたくとも、いろいろな理由で「ノー」といってしまうことはよくあるものです。

たとえば友人や同僚から飲み会に誘われたとき。本当は飲みにいきたい。しかし、前回も前々回も喜んで参加してしまった。このままでは、「飲み会を絶対に断らない暇なやつ」と思われてしまいかねない。逡巡《しゅんじゅん》のすえ、誘いを断る……。

自分を下に見られたくない。

そんな思いが働き、本心とは逆の反応をしてしまうのです。

もし身に覚えがあったら、逆のパターンを考えてみるとわかることがあるはず。

だれかを誘って断られたとき。

だれかをほめても意外と喜んでくれなかったとき。

相手の反応に一喜一憂してはいけません。本心とは逆の反応であることも間々あるのです。

「今日はそういう気分なんだね」

くらいに軽く受け止めて、引きずらないようにしましょう。

# 27

# 自分のペースで交渉をするために必要なこと

スポーツの世界では、ホームで試合をしたほうが、アウェーで試合をするときよりも有利です。ホームのほうが観客も味方になってくれますし、試合会場にも慣れているので、実力を発揮しやすいのです。

こういう「ホーム効果」は、スポーツの世界だけでなく、ビジネスの世界でも見られます。

カナダにあるブリティッシュ・コロンビア大学のグラハム・ブラウンは、ホームのほうが有利な交渉ができることを実験的に確認しています。

ブラウンは84組の同性のペアを作ってもらい、コーヒーメーカーの売り手と、仕入れるホテルの担当者になったつもりで交渉をさせてみました。

ただし、ホーム効果を高めるため、半数の人には先に実験用のオフィスに来てもらいました。そしてオフィスの入口に自分のネームプレートをつけたり、5つの椅子の中から気に入った椅子を1つ自分用に選んだり、12のポスターから2つを選んでオフィス内の壁にかざってもらったりしました。また、ホワイトボードに自分のスケジュールを書き入れたり、コンピュータにログインして、

## ホームのほうが強気の交渉ができる

| | ホーム | ゲスト |
|---|---|---|
| 売り手役 | 7.06ドル | 6.90ドル |
| 買い手役 | 6.78ドル | 7.12ドル |

（出典：Brown, G., & Baer, M., 2011より）


しばらくネットサーフィンをしたりしてもらいました。

十分にそのオフィスに慣れてもらったところで、交渉の相手役を呼び、交渉をしてもらったところ、ホーム役は、コーヒーメーカーの売り手役に割り当てられたときにも、ホテルの担当者の買い手役を割り振られたときにも、どちらに割り当てられたときにも強気な価格交渉ができることがわかりました。結果は上の表のようになりました。

ホームのほうが強気になれるということがよくわかる結果ですね。

# 待ち合わせ場所には先に到着しておこう

もし相手と交渉するとき、お互いにとってフラットな場所を選ぶのだとしたら、交渉場所には相手よりも早く到着しておくといいですよ。早く到着してその場になじんでおけば、完全には自分のホームではなくとも、ホームと同じような気持ちになれます。

交渉ではなく、打ち合わせのときでも、たとえば待ち合わせ場所のカフェなどには、相手よりも早く到着するようにしましょう。そのほうが、打ち合わせの主導権を自分で握ることができます。

# 28

# 苦手な人から逃げると
# かえって心が重くなる

苦手な人とはなるべく一緒にいたくないものです。こっそり距離をとる、接する時間を極力減らす。そんな対応をしているのではないかと思われます。そんな対応の数々があなたのペースをかえって乱し、心の重荷を増やすことに繋がっているケースもあるのではないでしょうか。

そんなときは、考え方を変えてみましょう。苦手な人から逃げるのではなく、覚悟を決めて、懐《ふところ》に飛び込んでみるのです。

大手化学企業の東レで、同期トップで取締役になった佐々木常夫《ささきつねお》さんは、営業部に配属されたときの上司が本当に大の苦手とするタイプだったそうです。

そこで佐々木さんのとった作戦が、相手の懐に飛び込むこと。

「2週間に1度のミーティングを持ってください」

とお願いし、スケジュールを強引に押さえて、毎回30分、2人だけで話すようにしたそうです。ミーティングの時間を確保しておけば、我慢するのは2週間に1度。しかも30分。それ以外の勤務日には、上司を完全に無視できるのですから、残りの時間は自分のペースを保てます。

さて、ミーティングを始めて1年が経《た》った頃、その苦手な上司はマーケティング部の部門長として異動していきました。佐々木さんが「よっしゃ、ようやく解放された！」と喜んだのもつかの間、すぐに佐々木さんも、その上司に呼び寄せられてマーケティング部に異動になったのでした。

次の部署でも同じミーティング作戦を実行し、なんとか乗り切ったものの、その上司がプラスチック事業部門長として転任した3か月後に、やはり佐々木さんはその上司に呼び寄せられたのです。

ここにいたって佐々木さんはようやく気づきました。自分にとって上司は苦手なタイプでしたが、上司にとって佐々木さんは大のお気に入りだったのです。佐々木さんは、東レで自分がうまくいったのも、その上司のおかげだと述懐しています（佐々木常夫著、『決定版　出世のすすめ』角川新書）。

## 避けるより自分から近づく

フロリダ国際大学のマリー・レヴィットの調査によると、「困った人間関係をここ5年以内に経験しましたか？」と尋ねると、男性の66・1％、女性の72・6％が「イエス」と答えたそうです。人間関係で困った経験のある人は、世の中に相当溢れかえっているとみなしてよいでしょう。

次にレヴィットは、どうやってうまく乗り切ることができたのかも調べてみました。一番うまくいったのは、「自分から話しかけるようにする」で69・3％の人がこの方法を有効だと答えたのでした。ちなみに、「その人を避ける」というやり方はあまり効果的でないらしく、27・5％の人しか効果を実感できていません。

イヤな人から逃げ回っていても問題の根本解決には繋がりませんし、かえって負担が増えるだけです。覚悟を決めて、こちらからどんどん話しかけましょう。相手からも好かれるようになるかもしれませんし、嫌悪感も徐々に減っていくかもしれませんよ。

29

# 「嫌い」が「好き」に変わる驚くほど簡単な方法

人間には、「慣れ」という現象があります。

どんなに嫌いなものでも、それなりに接触回数を増やすようにすると、そのうちそんなに気にならなくなるのです。

嫌いな野菜だって、ムリヤリにでも口にするようにしていると、そのうち気にならなくなりますし、「大好き」になることも珍しくはありません。

人間にも同じことがいえます。

「肌が合わないな」

「前世で、敵同士だったのかもしれないな」

そう感じるほどに憎たらしい相手でも、ムリにでも接触していると、そのうち気にならなくなります。これを心理学では、「単純接触効果」と呼んでいます。

## 「単純接触効果」

ダブリン大学のメリッサ・ペスキンは、いろいろな女性の画像を見てもらい、その魅力を尋ねるという実験をしてみました。

なお、女性の画像は、1回きりしか呈示されないものもあれば、6回も出てくる画像もあったのですが、くり返し見せられた画像ほど、少しずつ魅力は高く評価されることがわかりました。

最初は多少気になるところがあったとしても、何度も同じ顔を見せられると、私たちは慣れてきます。さらには、「親しみ」を感じるようにもなるのです。

嫌いな人から、逃げずに立ち向かったほうがいいですよ、と私がアドバイスした理由が、これでおわかりになったのではないでしょうか。

「私、あいつ嫌いだから……」といって避けるようにしていたら、いつまでも嫌悪感は消えてくれません。

その点、勇気を出して自分から話しかけ、たまには一緒にご飯を食べるようにしていると、そんなに気にならなくなってくるものです。騒音だって、ずっと聞かされていたら、そのうち耳に慣れてきますよね。それと同じことが、人間が相手のときにも起きるのです。

人間は複雑なようで、実は単純な側面も持っています。接触回数を増やすだけで苦手だったものが好きになるだなんて、驚きますよね。

この作戦の良いところは、自分から積極的に相手に近づくようにすると、こちらの嫌悪感を減らせるだけでなく、相手が自分に好意や魅力を感じてくれるところ。つまり、お互いにハッピーになれるという、まことに優れた方法なのです。

column 3

# 苦手な人との距離の縮め方

苦手な人とはあえて距離を縮めてみよう、というお話をさせていただきました。ここでは、距離を縮めるために有効な3つの方法をご紹介したいと思います。

## カラオケで一緒に歌う

スタンフォード大学のスコット・ウィルターマスは、3人ずつのグループを作ってもらい、大学のキャンパスの周囲を歩いてきてもらいました。その際、あるグループには「できるだけ3人の歩調を合わせるように」と指示を出しました。他のグループにはそういうことを求めませんでした。

散歩が終わったところでまた実験室に集まってもらい、協力しあうゲームをやらせると、歩調を合わせて歩いてきた3人組のほうが、協力反応が増えることがわかったのです。

かつての会社では、朝礼のときに、みんなで社歌を歌ったり、ラジオ体操をしたりするという習慣がありました。

心理学的にいうと、これはとてもよいことです。おそらくは社員の絆《きずな》を強め、信頼感や親密感を高めるのに役立ったでしょう。

昨今では、強制参加のイベントはハラスメントにあたるとして開催しない会社も増えていると思いますが、その効果を考えると残念でなりません。

だれかと一緒に何かをするなら、お手軽なのはカラオケでしょう。

2人で歌える曲を選んで、相手にマイクを渡し、一緒に熱唱してみてください。お店を出るころには、相手に対する嫌悪感や苦手意識は消えてしまっているかもしれません。

## ゲームで遊んでみる

ヘブライ大学のタル・ラビノウィッチは、74組の同性のペアを作ってもらい、電子パーカッションをペアで演奏してもらいました。なお、自分と相手がどんなリズムでパーカッションを叩くのかは、正面の大きなスクリーンを見ることで確

**同じリズムで行動していると、親密感が高まる**

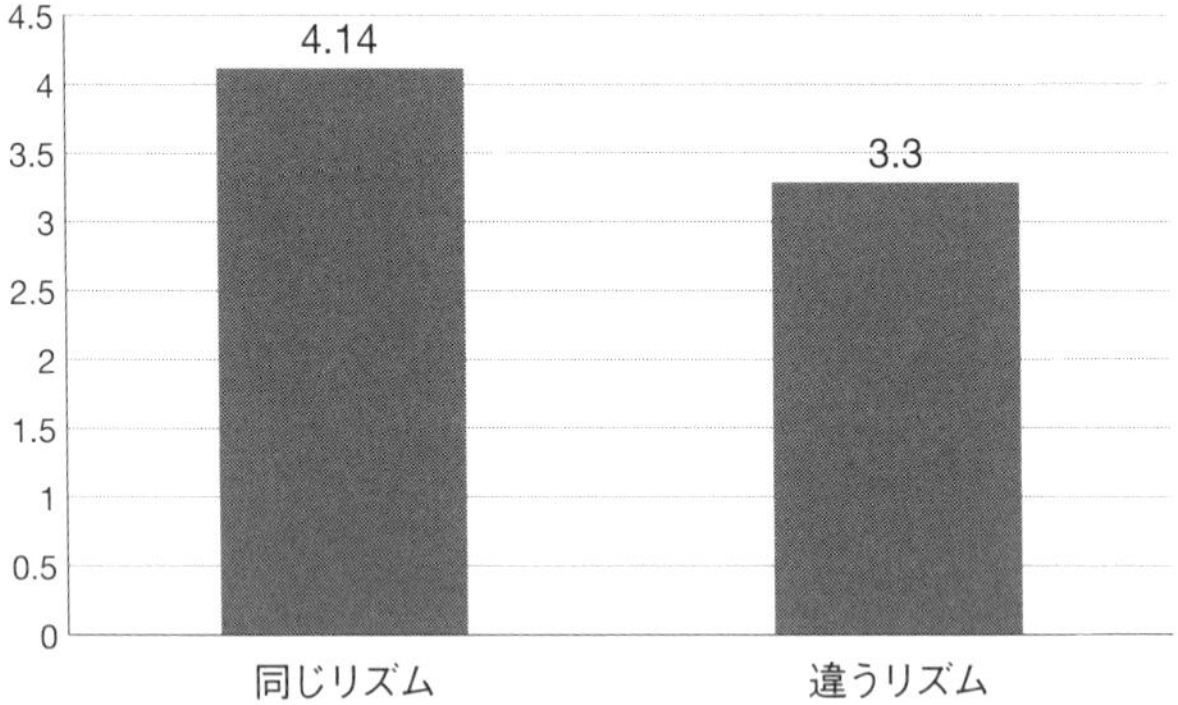


（出典：Rabinowitch, T. C., et al., 2015より）

認できました。

ラビノウィッチは、半分のグループには ペアの人と同じリズムで叩くように機械を操作しておき、残りの半分にはペアの人と違うリズムで叩くように仕向けました。

さて演奏が終わったところで、ペアの人にどれくらい親密感を覚えるかを6点満点で答えてもらうと、上のような結果になりました。

同じリズムでパーカッションを叩いていると、親密感が高まったのです。

さすがに、パーカッションを一緒に叩ける場はそうそうないと思いますので、スマホアプリで音楽ゲームをダウンロードし、一緒に遊んでみてはいかがでしょうか。

## 料理をシェアする

シカゴ大学のケイトリン・ウーリーは、同性のペアを作らせ、同じ食べ物、あるいは違う食べ物を食べてもらってから、投資家役とファンドマネジャー役に分かれて作業をしてもらいました。

投資家役は3ドルが与えられ、その3ドルのうち、好きな金額を相手に投資します。その金額は2倍になってファンドマネジャー役のものになります。それからファンドマネジャー役は、好きな金額を投資家に戻すのです。

お互いに最大の利益を得るには、投資家役は3ドルをそっくり相手に渡さなければなりません。ファンドマネジャーは6ドルを得ることができるので、6ドルの中から3ドルを相手に戻すという選択をしてもらうと、お互いに3ドルずつもらえるのです。

とはいえ投資家役が3ドルを渡しても、ファンドマネジャー役は6ドルを公平に半分に分けるのではなく、自分が5ドルをとってしまい、1ドルしか戻してくれない可能性もあります。自分が相手を信用しても、相手は裏切ってくる可能性があるわけです。

この作業をやってみると、面白いことがわかりました。事前に同じものを食べたペアでは、投資家役は3ドルのうち、平均2・40ドルを相手に渡したのです。違うものを食べたペアでは、投資家役は平均1・86ドルしか渡しませんでした。このことから、料理をシェアしたグループのほうが、相手を信用して行動したことがわかります。

料理をシェアすると、お互いに心が通じ合います。

世界的な新型コロナウイルスのパンデミックなどがあったので、ビジネスシーンでは会食がずいぶんと減ってしまいましたが、一緒に食事をするというのはとても効果的な方法だと思いますので、どんどん食事の機会を増やすとよいでしょう。

## 第4章

# 行動を変えれば心も変わる

30

# 心が傷つきやすいのは姿勢の悪さが原因かも？

私たちの心は、身体と密接に結びついています。この章では、心が上向く身体の使い方をお伝えしていきたいと思います。

まずは姿勢から。

背中を丸めて、うつむいた姿勢をとっていると、気分はどんどん落ち込んでいきます。

逆に、背筋を伸ばして、グッと胸を張るようにしていると、心が強くなったように感じるはずです。

このことは、心理学の実験からも明らかになっています。

## 背筋を伸ばすと「幸せな将来」がやってくる

スペインにあるマドリード大学のパブロ・ブリノルは71名の大学生を2つに分け、片方のグループには良い姿勢（胸を張り、背筋を伸ばす）をとってもらい、残りのグループには、悪い姿勢（背筋を丸める）をとってもらいながら、「将来、あなたは仕事がうまくいくと思いますか？」と質問しました。

## 胸を張っているだけで、心は強くなる

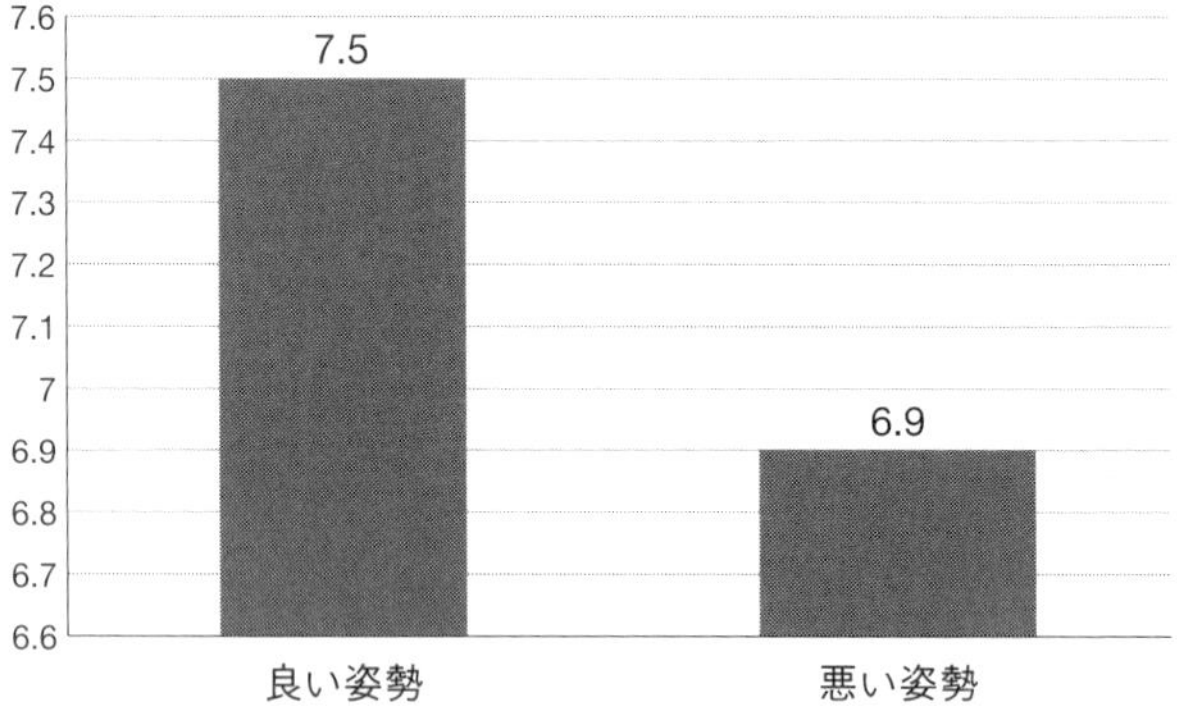


（出典：Briñol, P.,et al., 2009より）

うまくいく自信があるのなら9点を、まったく自信がないのなら1点を選ばせたのですが、結果を平均すると、上のグラフのようになりました。

良い姿勢をとっていると、自分がうまくいく見込みを大きく評価できるようになることがわかりますね。

もしみなさんが、心配性だったり、抑うつを感じやすいタイプだとしたら、それはひょっとしたら「心が弱い」のではなく「姿勢が悪い」からという可能性があります。

いったん落ち込んだ心は、簡単には元

通りになりません。

日ごろから姿勢に気をつけるようにしましょう。

背筋を伸ばし、胸を張る。そんな姿勢で日々を過ごすようにすれば、不安に負けない強い心が手に入ります。

31

# アゴを少し上げて目線を遠くすると自信が湧いてくる

試合中に選手がうつむいた姿勢をとると、コーチや監督が「アゴを上げろ！」「顔を上げろ！」と大声を出して叱咤する場面をスポーツ中継などで見かけます。

なぜ上げろというのかというと、アゴを下げた姿勢は、相手に降参することを示すものだから。

そんな姿勢をとっていたら、試合に勝てるわけがありません。

だからコーチや監督は、「アゴを上げろ！」と指示を出すのです。

背筋が丸まっていると気分が落ち込むとお話ししましたが、アゴについても同じことがいえます。

アゴを下げてはいけません。いつでもアゴは少し上げ気味にキープしておくことが大切です。

アゴを上げるようにすると、「自分なら何でもできる」という全能感のようなものも高めることができます。

## 試験の正答率がアップ

コロラド大学のトミー・ロバーツは、60名の大学生男女に、アゴを上げた状態で、あるいはアゴを下げた状態で、19問の数学の問題を解いてもらうという実験をしてみました。

その結果、アゴを上げた状態のほうが正答率がアップすることがわかりました。

アゴを上げた状態に割り振られた学生に、頭がいい人ばかりを集めたわけではありません。割り振りは完全にランダムです。

にもかかわらず明らかに両者で違う結果が出たのは、アゴを上げたグループは、「自信が湧いてくる」という心理効果を得ることができたから。その結果、安心して試験に臨むことができ、正答率も上がったのです。

日常生活においても、できるだけアゴを上げるように意識しましょう。

通勤・出社時には、アゴを上げ、目線を高くして、できるだけ遠くに視点を置くようにしてください。道路ばかり見つめているようでは、自信が失われるだけです。

スマホの使いすぎにも注意が必要です。ネット閲覧や動画視聴、ゲームなどに熱中するあまり、前かがみの姿勢になりがち。

そのせいで、「スマホ首」（ストレートネック）になってしまったら、気分が落ち込むだけではすまず、頭痛や肩こりなど身体的苦痛に悩まされることになってしまいます。

通勤時の電車内くらい、スマホはしまいましょう。

アゴを上げて、車窓を流れる風景を眺めていたら、自然に気分が上向いて仕事もうまくいきますよ。

32

# 「パワーポーズ」で弱った心に元気を取り戻そう

心が苦しいと感じたら、ヒーローがやりそうなポーズをとってみてください。たとえばウルトラマンだったり、仮面ライダーだったり、プリキュアだったり。

心理学では、ヒーローがやりそうなポーズのことを「パワーポーズ」と呼んでいます。そういう姿勢をとっていると、本当に自分が強くなったように感じて、エネルギッシュな気持ちになってくるのです。

「ウソでしょ!?」と思う人がいるかもしれませんが、パワーポーズについてはたくさんの研究の裏づけがあります。

ケンブリッジ大学のイ・ウンへは、パワーポーズをとる前後で本が入っている段ボールの重さを2回推測してもらいました。

パワーポーズをとる前には平均して「3・17キロ」と推測された同じ段ボールが、パワーポーズをとった後には平均「2・83キロ」と感じられることが明らかになりました。パワーポーズをとると、重いものでも軽いと感じるようになるのです。

もうひとつ別の研究もご紹介しましょう。

テキサスA&M大学のケイティ・ギャリソンは、実験参加者にパワーポーズ（頭の後ろで手を組み、足をテーブルにのせて、ふんぞり返る姿勢）か、元気のないポーズ（足を閉じて椅子に座り、うつむいた姿勢）をとってもらってから、実験的な疑似交渉をしてもらったのですが、パワーポーズをとらせた条件では、1・71倍も強気な金額の提案をすることがわかりました。

交渉をするとき、弱気な態度をとりやすい人は、交渉に臨む前に、トイレの個室に隠れて、1、2分ほどパワーポーズをとってみるといいかもしれません。そうすれば、強気な態度で交渉ができるようになるでしょう。

## 握りこぶしを作るだけでもOK

「パワーポーズをとるのは、ちょっと恥ずかしい……」と思う人がいるかもしれません。

そういう人は、〝握りこぶし〟を作ってみましょう。

ポルトガルにあるリスボン大学のトーマス・シューベルトは、実験群にはジャンケンのグー（つまり握りこぶし）を作ったまま、比較のためのコントロール群にはジャンケンのチョキを作ったままの状態で、心理テストを受けてもらいました。その結果、握りこぶしを作っていると、積極的で、自信がつくという回答がなされました。

どうして握りこぶしを作るだけで、いきなり積極性や自信が高まったのでしょう。

その理由は、握りこぶしが、ケンカをするときの姿勢だからです。人を殴るときの姿勢をとっていると、私たちの心は無意識のうちに「戦闘準備」をし、積極的になるのではないかと考えられます。

心が弱気になったときには、強そうなポーズをとってください。

心に力がみなぎってくるのを実感できるはずです。

33

# 大股で手を振って歩けば幸福度が上がる

私たちの心理は、どんな姿勢をとるかで大きく変わってくるというお話をしてきました。「歩き方」についても感情に大きな影響を与えることがわかっています。

自分がどんな歩き方をしているかなど普段あまり気にしないことのほうが多いですが、実は前向きな心を保つためにはとても重要なのです。

米国フロリダ州にあるアトランティック大学のサラ・スノドグラスは、参加者に3分ずつ歩かせるという実験をしてみました。

半数の人には、大股で、腕を大きく振りながら歩いてもらいました。残りの半数には、小股で、のろのろと、うなだれて歩くようにという指示が出されました。

それから自分の感じる幸福度を測定してみたところ、大股で、腕を振って歩いたグループのほうがアップすることがわかったのです。大きな歩き方は、私たちをハッピーな気分にしてくれるのです。

「どうにも気が滅入ってしかたがない」

「何をしても楽しくない」

「何を食べても、おいしいと思えない」

もしそういう症状があるのなら、歩き方を変えてみてはどうでしょうか。

大きく腕を振りながら、ずんずんと元気よく歩くようにしてみれば、「あれれ、何だか心が上向きになってきたぞ」と感じるようになるはずです。

## びっくりするくらい気分が上向きに

体調がちょっと悪いと感じるときにも、この歩き方は役に立ちます。体調が悪いときには、身体も重く感じられるかもしれませんが、カラ元気を出して、できるだけ大きな歩き方をしてみるのです。

「病は気から」といわれますが、元気な歩き方をしていればハッピーな気分になってきて、それによって体調の悪さもそんなに気にならなくなるかもしれません。

公園などで、大きく手を振ってウォーキングをしている人を見かけることがあります。

もともとウォーキング自体に、心をリフレッシュさせる効果はありますが、大きく手を振ることによって、その人は幸福感まで高まっているに違いありません。一石二鳥の効果だといえます。

さすがに街中や人の多い駅の構内では、大きく手を振って歩くと他の人に迷惑になりそうなのでやめたほうがいいと思いますが、周りに人がいないところでは、大きく手を振って歩きましょう。ただ、目的地に向かうためだけに歩くのではなく、自分の気持ちを上向きにするために歩くのです。

だまされたと思って、ぜひ試してみてください。

本当にびっくりするくらい陽気な気分になれますよ。

# 34

# 意外とあなどれない「ニコニコ」することの効果

不機嫌さを感じても、不機嫌そうな顔をしてはいけません。たとえフリでも、上機嫌で、快活で、陽気な顔を見せるようにしましょう。フリでよいのです。フリでも上機嫌な顔をしていれば、本当に気分も上向きになるのですから。

心理学の教科書を読んだことがある人なら、「悲しいから泣くのではなく、泣くから悲しくなってくるのだ」という法則を学んだことがあるかもしれません。「ジェームズ・ランゲ説」と呼ばれる心理法則のことです。

私たちの感情は、どんな表情をしているかによって変わるのです。

どんなにイライラしていても、どんなにムシャクシャしていても、不機嫌な顔をするのではなく、にこやかな笑顔を作っていれば、本当に楽しい気持ちになってくるのです。怒りっぽい人は、普段からニコニコした表情を見せるようにしてください。そうすれば、ささいなことでイライラしなくなります。

ドイツのマンハイム大学のフリッツ・ストラックは、4つのマンガを読んでもらって、その面白さを評価してもらうという実験をしました。

ただし、マンガを読んでもらうとき、あるグループには笑顔、別のグループにはしかめっ面で読んでもらいました。

さて、4つのマンガの面白さを答えてもらうと、笑顔のグループでは10点満点で5・14点と答えたのに対し、しかめっ面のグループでは平均が4・32点という結果になりました。笑顔でいると、同じマンガを読んでも楽しい気持ちになれるのに、しかめっ面では、それほどでもないようですね。

## 笑顔のトレーニングをしてみる

フリをしていれば、本当に上機嫌になれるのですから、こんなに良いことはありません。勤務時間中でも、お風呂に入っているときでも、電車に乗っているときにでも、時間を見つけたら、ちょこちょこと笑顔のトレーニングをしてみてください。

笑顔のトレーニングはそんなに難しくありません。「イー」と発音するときの口を作ると、自然と口角が上がります。しばらくその表情をキープするだけです。

眉間にシワを寄せて、不機嫌な顔をしていたら、だれも近寄ってきてくれません。ニコニコしている人のところに、人は集まってくるのです。

孤独な人生を歩みたくないのなら、できるだけ笑顔を見せるようにすることです。ニコニコしていれば、自分から声をかけなくとも、他の人のほうからどんどん話しかけてもらえるようになります。

35

# 気分が沈んでいるときほど弾んだ声を出してみよう

自分の好きな人から「おはよう」と声をかけられると、こちらも弾んだ声で「おはよう！」と返事ができます。

いっぽう、苦手な人から挨拶されると、「……おはよ」と元気のない返事になってしまいがちです。

気分が落ち込んでいると自分でも気がつかないうちに元気のない声になり、楽しい気分のときには明るく、弾んだ声になるものです。

では、この因果関係は逆にも作用しないのでしょうか。

気分がいいと弾んだ声になるのなら、弾んだ声を出すように意識すると、気分が上向きになったりしないのでしょうか。

実は、そうなるようなのです。

## いつもより少し高めな声が効果的

パリ第6大学（別名、ピエール・マリー・キュリー大学）のジョン・オクチュリエは、朗読している自分の声をヘッドホンで聴く、という実験をしてみたことがあります。

ただし、参加者がヘッドホンで聴く自分の声は、そのままの声ではなく、こっそりと機械的な変換機で、ピッチや抑揚を微妙に高く変えておきました。ちなみにピッチや抑揚を高くすると、ハッピーな声に聞こえるようになります。

すると、どんなことが起きたのでしょうか。

参加者は細工された自分の声をヘッドホンで聴いていると、なんとその後ではハッピーな気分になったそうです。

陽気で弾んだ自分の声は、あなたをハッピーにするということです。

というわけで、普段から声を出すときには楽しそうに聞こえる声を出しましょう。

具体的には、音階の高い声を出すように意識してみてください。「ド」や「レ」など低い音階の声を出していると、陰気な気分になってしまいますので、「ソ」か「ラ」の音階の声を出すように心がけると、ウキウキしてくるでしょう。

気分が沈んでいるときほど、人は声が低くなりがちです。
そんなときほど、少し高めの声を意識してみることをおすすめします。
沈んだ気分が徐々に上向いてくるはずです。

36

# だれもこない静かな場所を緊急避難場所に

精神的に敏感な人、あるいは繊細な人は、刺激に過剰反応しやすい、という特徴があります。大きな音や、チカチカした光などの刺激に、普通の人以上に反応してしまうのです。

ベルギーにあるゲント大学のソフィ・ボーテルベルクは、「非常に敏感な人」には、うるさい場所が苦手、人に見られていないときのほうがパフォーマンスはよくなる、興奮した日には寝つきが悪くなる、ちょっとした痛みにも敏感、という特徴があることを突き止めています。

敏感な人はできるだけのどかな自然の多い田舎のほうが住みやすいのですが、そうはいっても、仕事の関係もあるでしょうし、田舎への移住は難しいかもしれません。こういう場合には、どうすればいいのでしょうか。

最善手は、すぐに緊急避難。

## トイレの個室で平常心を取り戻す

いくら都会といっても、あちこち探してみると、「刺激の少ない」ところは意外とあるものです。だれもこない非常階段や屋上、人のいない給湯室や資料室など、探せばいくらでも避難場所が見つかります。

神経がピリピリするように感じたら、そういうところに緊急避難するのです。ほんの数分でも、だれもこない場所で深呼吸をし、心を落ち着ければ、平常心を取り戻すことができます。


オフィス内で確実にだれもこないのが、トイレの個室。閉じこもってしばらく目を閉じてみましょう。周囲の音が気になるようであれば耳栓をしてもいいですし、イヤホンで音楽を聴くのも効果的です。視覚、聴覚をシャットダウンして1、2分待てば、心は少しずつ落ち着いてきます。

まったく同じ刺激でも、人によって受け取り方が違います。

他の人には「全然気にならない」刺激でも、非常に敏感な人にとっては、心をざわめかせるには十分です。

公園のベンチで日光浴をしている場面を想像してみてください。そこに子どもが数人やってきて遊びはじめました。彼らの声を聞いて「元気でいいなあ」

と目を細める人もいれば、「やかましい」と眉をひそめる人もいることでしょう。

もし自分が物理的な刺激に対して過剰反応しやすいタイプなら、精神的にも敏感なタイプだとみなして間違いありません。自分がそういうタイプだとわかったら、なるべく刺激の少ない場所を探しておくことをおすすめします。

37

# 1日に5分だけ環境刺激をシャットアウトする

スペインなどでは、少し長めの昼寝の習慣があり、これをシエスタと呼びます。日本では、昼休みはだいたい1時間くらいのところが多いので、さすがに何時間も昼寝をするわけにはいきませんが、10分でも時間があれば昼寝をしてください。

昼寝をするときのコツは、アイマスクを必ずつけること。

普通に目を閉じているだけでは、まぶたを閉じていても明るいので、気が休まりません。短い時間でもアイマスクをつけたほうが、ぐっすりと眠ることができます。

ついでに耳栓も用意しておきましょう。これで周囲の雑音も気にならなくなります。

カナダにあるブリティッシュ・コロンビア大学のピーター・スードフェルドは、高血圧の患者にお願いし、真っ暗で静かな部屋でしばらくくつろぐように求めたのですが、それだけでも血圧は下がりました。

周囲の環境からいろいろな刺激を受けていると、私たちの感情は常に高ぶってしまいます。

目に入ってくる刺激や、耳から入ってくる刺激をなくすことで、心をリラックスさせることができるのです。このようなやり方のことをスードフェルドは「環境刺激制限技法」と呼んでいます。

私たちは、たえずいろいろな刺激を受けています。それらの刺激をゼロにはできなくとも制限することで、感情の高ぶりを抑制することができます。そのために役立つのが、アイマスクであり、耳栓。

単純に目を閉じているだけでも視覚的な刺激を減らせますが、やはりアイマスクを着用したほうが、完全に刺激をシャットアウトできるのでおすすめです。アイマスクをしたときとしないときとでは、リラックスの度合いに大きな差が出るのです。

## 5分だけでも

たとえ昼休みとはいえ、会社で昼寝をするのは気が引けるし、そんな場所がない。

そういう場合は、デスクで5分間、アイマスクと耳栓をつけてじっとしているだけでも効果的です。周りの人に「5分間休むね」と宣言しておけば、声をかけられることもないでしょう。昼休みなので、それくらいの休憩は許されるはずです。

一日にほんのちょっとでも環境刺激をシャットアウトする時間を設ければ、リラックスして次の仕事に取り組めること間違いなしです。

発明王のエジソンは、睡眠は時間の浪費だと考えていて、何日もぶっ続けで仕事をしていたといわれていますが、実際は昼寝をよくしていたそうです。エジソンがバイタリティに溢れていたのも、心をリラックスさせることの大切さを知っていたからかもしれませんね。

column 4

# インセンティブでやる気をアップ

私たちには打算的なところがあります。

自分がトクをすると思えば何でも喜んで取り組むことができますし、何ももらえないのなら、気分が盛り上がりません。

このとき、自分を動機づける働きをするものを「インセンティブ」と呼びます。

インセンティブにはいろいろな形がありますが（現金、クーポン、賞品など）、私たちにとって最も大きなインセンティブといえば、やはり「お金」。お金がもらえるのなら、私たちはイヤなことでも楽しくできます。

米国ブラウン大学のナンシー・バーネットは、13名のヘビードリンカーたちに集まってもらい、最初の1週間にはいつもと同じようにお酒を飲んでもらいました。2週目からは、アルコールセンサー付きのブレスレットを手首につけて生活してもらいました。このとき、お酒を飲まずにいられたら、5ドルの報酬が出ることになっていました。

その結果、最初の1週間では8・8％の人しか禁酒できませんでしたが、お金がもらえる2週間目には69・2％の人が禁酒をしてくれました。3週間目も65・9％です。

ただ「お酒を控えてください」といわれてもなかなか禁酒はできませんが、「お金がもらえるよ」といわれると、俄然やる気が出るのです。

## 自分にインセンティブを

お金は、そんなに大きくなくてかまいません。

それこそ1日に1ドルでも大丈夫です。

ノースカロライナ大学のヘーゼル・ブラウンは、アメリカで行われた「1日1ドルプログラム」についての検証を行っています。

このプログラムは、13歳から16歳で妊娠、出産した65名の女性に集まってもらい、避妊につとめれば1日1ドルもらえるというものでした。

1日1ドルというほんのわずかの補助金ではありましたが、5年間のプログラム実施中、2番目の子どもを妊娠したのはわずか15％。85％の女の子は、毎日お金がもらえるということになれば、避妊につとめるように行動してくれたのですね。

インセンティブというと、大きな金額を用意しなければならないイメージがありますが、まったくそんなことはありません。

ほんの少しのお金で十分です。私たちは、たとえ少なくともお金がもらえるとわかれば、喜んで取り組むのです。

気の進まない仕事を割り振られたら、自分でインセンティブを設定するのもいいでしょう。お金がいちばん効果的ですが、自分で自分にお金をあげることはできないので、「ちょっとした贅沢を許す」という設定の仕方がおすすめです。

「コンビニでいつもは買わない高級デザートを買う」

「発泡酒ではなくビールを飲んでＯＫ」

「欲しかったかばんを買うことを許す」

こんなインセンティブがあれば、つらい仕事も乗りきれるはずです。

第5章

# 揺るぎない自信を育もう

38

# 「この仕事がうまく終わったら」と成功イメージを描いてみる

ネガティブな感情は、考え方次第でポジティブな感情に変えることができます。

たとえば、自分には手に余りそうな困難な仕事をまかされたとしましょう。きちんとこなせるか不安を感じ、この先の苦労を想像して緊張に襲われることでしょう。そんなときは、終わったときのことをイメージしてみてください。

「この仕事をうまく達成できたら、ものすごくおいしいビールが飲めるだろう」

「無事にこなすことができたら、行きたかったあそこに旅行しよう」

と考えてみると、心が躍《おど》ってきませんか。

それもこれも、緊張や不安があればこそ。普通の仕事をまかされ、終わったときのイメージをしても、このような興奮を味わうことができません。

## 緊張や不安が爽快感を高める

フランスにあるランス大学のファビエン・レグランドは、ボージュ山にあるテーマパークにやってきて、まさにこれから絶叫マシーンに乗ろうとしている人に声をかけ、「どれくらい怖いですか?」と聞いてみました。そして、アトラクションが終わったところでもう一度声をかけ、「今、どれくらい爽快ですか?」と聞いてみました。

その結果、絶叫マシーンに乗る前に不安が高ければ高いほど、終わってからの爽快感や興奮の度合いも大きくなることがわかったのです。

緊張や不安がない人は、爽快感もありません。

ですので、緊張や不安がないことは、決してよいことでもないのです。

私は、講演会やセミナーで話すのがあまり得意ではありません。ものすごく緊張するので、前日にはよく眠れません。

「そんなに緊張するのなら、講演会の仕事は断ればいいのに……」と思うかもしれませんが、私はまず断りません。というのも、人前で話すのは苦手ではあっても、仕事が終わったときに、言葉では形容できないくらいの喜び、興奮を味わうことができるからです。信じられないくらい爽快なのです。こういう気分を味わいたくて、私は人前で話す仕事を引き受けているのです。

プレッシャーはやる気につながるというお話をしましたが、同じように緊張や不安は興奮につながります。そう考えると、プレッシャーや不安というネガティブな感情は、そんなにネガティブでもないどころか、むしろポジティブな感情だといってよいかもしれません。

「緊張を強《し》いられる難しい仕事なんてやりたくない」

そんな気持ちから、

「もっと興奮できるような仕事をやらせてもらいたいな」

というふうにマインドチェンジしてみてください。そうすれば、今よりも強い自分を手に入れることができるでしょう。

# 39

# 「限界を超える」イメージをすると本当に限界を超えられる

私たちは、自分の潜在能力を見誤っていることが少なくありません。本当はもっと先に限界があるのに、「自分はこれくらいのことしかできない」と勝手に手前に限界を設けてしまうのです。

「できない」と思っていたら、本当に「できなくなる」のも道理です。

「私の実力はまだまだこんなものではない」
「私の限界は、もっとずっと先だ」
「本気を出せば、もう少し何とかなるかもしれない」

こんな風に自分にいい聞かせてください。そうすれば、さらに自分のパフォーマンスを高めることができます。

## 「全速力」を超えた自分を見ながら……

英国ノーサンブリア大学のマーク・ストーンは、私たちは思いのほか簡単に限界突破できることを、非常にユニークな実験で検証しています。

ストーンは10名の自転車競技の選手を集め、サイクリングマシンに乗ってもらって、4000メートルを全速力でこいでもらいました。本気で自転車をこいでいるところは、ずっとビデオに録画させてもらいました。

それから時間を置いて、今度は、自分が全力でペダルをこいでいる映像を目の前のスクリーンで見ながら、もう一度同じ4000メートルのタイムトライアルをしてもらいました。

けれども、2度目のトライアルには選手たちには内緒で、ある操作が行われていました。1度目の自分が自転車をこいでいる映像のスピードを、ほんのわずかに速くしたのです（102％）。

するとどうでしょう。

2度目のトライアルのときには、全速力だと自分が思っていたときよりも速いタイムで4000メートルをこぐことができたのです。

ある程度仕事に慣れてくると、私たちは勝手に限界を作ってしまいます。

「自分にはこの辺りの仕事量が限界だ」と。

それはとんでもない話で、本当はもっと、もっと限界は先にあるのです。

ときには、「限界を超えて仕事をしているイメージ」を思い浮かべながら仕事をしてみましょう。

いつの日かきっと、その限界を軽々と超えている自分に気づくはずです。

40

# 「できない」と思い込んでいると本当にできなくなるのでご注意を

重量挙げにジャークという種目があります。バーを一気に肩まで引き上げ、次に頭上に差し上げて静止する競技のことです。

かつて、このジャーク競技には「500ポンドの壁」があるのだと、いわれつづけていました。人間は、身体構造的に500ポンド（227キロ）の重さを挙げることは不可能だ、というわけです。

ところがこの500ポンドの壁は、あるときにあっさり破られました。破ったのは、ロシアのバレリー・アレクシス。

彼は、それまでに499ポンドまでは上げることができました。ある大会で、499ポンドのバーを持ち上げたつもりだったのに、なんと重りをつける係の人がうっかり間違えて、500ポンドを数ポンド上回る重さにしてしまっていたのです。

面白いもので、アレクシスが500ポンドの壁を超えると、「なんだ、500ポンドの壁なんてないじゃないか」と他の選手たちも気づき、わずかの期間で6人もの選手が次々と500ポンドの壁を超えたそうです。ちなみにネットで調べてみると、現在のジャークの世界記録は584ポンド（265キロ）。500ポンドどころではないのですね。

## パフォーマンスの良し悪しは思い込み次第

もうひとつ、おもしろい例をご紹介します。

アメリカのバージニア大学とドイツのマックス・プランク研究所のメンバーが、ゴルフのパッティングに関する実験を行いました。

彼らが2011年に発表した「Putting Like a Pro」という論文によると、対象は41名のゴルフ経験のある大学生。経験や技術レベルに差が出ないように配慮して2つのグループにわけ、2・13メートルの距離から、10球パッティングをしてもらいました。

両グループが使うのは同じパターです。

ただし、一方のグループには、2003年に全英オープンで優勝したベン・カーティス選手が使用したパターだと伝え、なおかつ彼の戦績（アメリカツアー3

勝など）を詳しく教えてからテストを行いました。

もう一方のグループには、何も伝えません。

すると驚きの結果が出ました。

ベン・カーティス選手が使用したパターであると伝えたグループは、10回のテストのうちカップイン回数は平均5・30回だったのに対し、何も伝えなかったグループの平均カップイン回数は、3・85回にとどまったのです。

ちなみに、使用したパターは実際にベン・カーティス選手が使っていたのとは異なるものだったそうです。

「名選手が使用したパター」と思い込むことでよいイメージが湧き、それがパッティングにプラスの影響を与えたのです。

私たちのパフォーマンスは、本人がどんなことを信じているのか、どんな思い込みをしているかで、がらりと変わります。

よい思い込みは、よい結果を生むのです。

逆もまたしかり。悪い思い込みは悪い結果を招くのでご注意を。

41

# 何度もくり返すことが揺るぎない自信を身につける近道

ピアニストは、曲が弾けるようになったらもう練習をやめてしまうのでしょうか。いいえ、さらに徹底的に練習をするのが一般的です。

そうしないと、本当の意味で「自分のものにならない」ということをよくわかっているからです。

ピアニストのように、いったん学習がすんでも、さらに学習をつづけることを「過剰学習」と呼びます。

何かのスキルを身につけたいと思うのなら、少しくらいできるようになったからといって、そこでやめてはいけません。さらに訓練をつづけるのです。そうすることによって、本物の「自信」を身につけることができます。

少しできるからといって、訓練をやめてしまっては、ふわふわした自信しか身につけることができません。どこかに不安が残ってしまうのです。その不安を払拭するためにも、「もう十分だろう」と思っても、さらにくり返し訓練をしておきましょう。

## 努力は裏切らない

ジョージア大学のスコット・アードインは、学習障害のある男の子に、小学生向けの読み物を3回、あるいは6回声に出して読んでもらいました。発音を間違えている単語は、毎回指導しました。

それから同じレベルの他の読み物を読んでもらったところ、3回くり返しただけではうまくできませんでしたが、6回もくり返したときにはスラスラと読めるようになることがわかりました。

「できるようになった」というところでやめてしまっても、実はまだできるようにはなっていないのです。さらに学びをつづけなければなりません。しつこいくらいにくり返さないと、知識も技術も身につけることはできないでしょう。

「何をやっても自分は中途半端」という自覚があるのなら、訓練が足りません。途中で練習をやめたことにより、自分のものになっていないのです。

日常生活においても同じことがいえます。

仕事に慣れてきたときが一番危ない、とよくいいます。これはわかった気になって学びを放棄したことにより起こるミス。

どれだけわかったとしても慢心せず、初心を忘れずに作業を行える人ほど、ミスなく堅実に仕事をこなせます。それをくり返していくことで、確かな自信が生まれてくるのです。

努力は私たちを裏切りません。努力すればするほど、「こんなにやったのだから」という安心感が生まれ、それが自信につながっていきます。

42

# 「よそはよそ、ウチはウチ」を忘れないで

子どもが親におもちゃやゲームや自転車をねだっても、昔の家庭ではそうそう買ってはもらえませんでした。その際に、親がよくいうフレーズがありました。

「よそはよそ、ウチはウチ」

他人と自分を比べて、羨ましがったり、嫉妬したりしてはいけない、というありがたい教えです。

「よそはよそ、ウチはウチ」という教えは、生きていくうえでとても役に立ちます。ハッピーな人生を歩みたいのであれば、他人と自分を比較するのをやめましょう。

特に、自分よりも魅力的であるとか、自分よりもお金持ちであるとか、自分よりも上の人とは絶対に比べてはいけません。

## スリムなモデルと自分を比べたら……

オランダにあるティルブルフ大学のダーク・スメースターズは、広告を評価

## 自分より上の人と比べると自信を失う

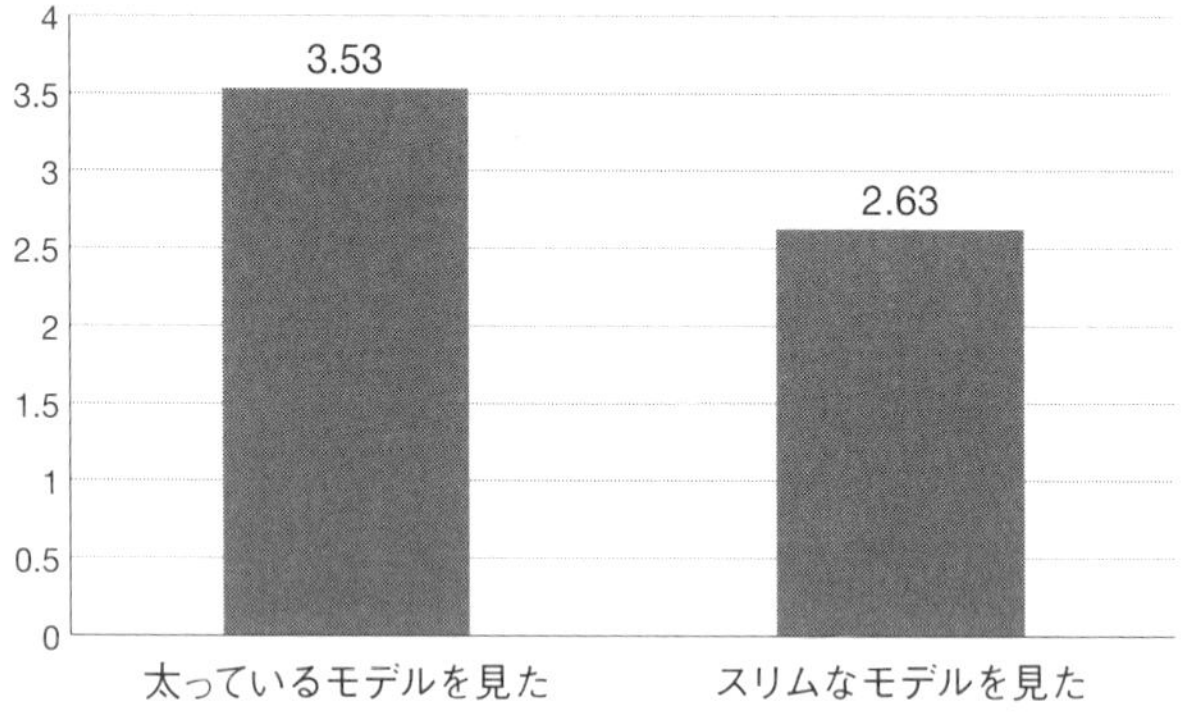


＊数値は5点に近いほど自尊心が高いことを示す(出典:Smeesters, D., & Mandel, N., 2006より)

するという名目で62名の女子大学生を集め、カラー広告を見せてみました。

あるグループに見せた広告ではとてもスリムな女性がモデルをしており、別のグループに見せた広告ではとても太っている女性がモデルをしていました。

広告の評価が終わったところで、全員に自信を測定するテストを受けてもらうと、スリムなモデルを見せられたグループでは、自信が下がってしまうことがわかりました。

スリムな女性と自分を比べて、自信を失ってしまったのでしょう。

こんな例もあります。

2023年3月に開催されたワール

ド・ベースボール・クラシック（WBC）。その決勝戦に臨むにあたり、ロッカールームの円陣で声出し役を務めた大谷翔平選手は、第一声、このようなことをいいました。

「憧れるのはやめましょう」

つづけて、

「ファーストにゴールドシュミットがいたり、センターを見ればマイク・トラウトがいるし、外野にムーキー・ベッツがいたり、野球をやっていたら誰しも聞いたことがあるような選手たちがいると思う。憧れてしまっては超えられない。僕らは今日超えるために、トップになるために来たので。今日一日だけは彼らへの憧れを捨てて、勝つことだけ考えていきましょう」

と語り、みんなを鼓舞《こぶ》しました。

結果はみなさん、ご存じのとおり。前回王者のアメリカを3対2で破り、日本代表チームは3大会ぶりの優勝を飾ることができたのです。

43

# 寂しさを紛らわせるためのSNSがあなたを苦しめる

X（旧ツイッター）、インスタグラム、ティックトック、フェイスブック……。世の中にはSNSがあふれています。ひとつも自分のアカウントを持っていない人はほとんどいないのでは、と思えるほどの隆盛ぶりです。

このSNSが私たちに悪影響を及ぼしていることを明らかにした研究を3つご紹介しましょう。


オーストラリアにあるフリンダース大学のグレイス・ホランドは、SNSで魅力的な写真を見ることが多いと、自分の身体イメージが悪くなり、摂食障害になりやすくなるという報告を行っています。

SNSを使えば、自分の友だちが何をしているのかを簡単に調べることができてしまうので、そのたびに、嫉妬を感じることになります。


「いいなあ、○○ちゃんは旅行中かあ……」

「○△ちゃんは、たくさんお友だちがいていいなあ……」

「□○さんは、今日は飲み会なのかあ……」

そんな気分になってしまうことが目に見えています。余計な心理的ストレスを感じるだけなので、最初からやらないほうがいいというのが私の考えです。

もしSNSを完全にやめることが不安なら、とりあえず1週間、実験的に「SNSをお休み」してみるのはどうでしょうか。もし1週間お休みして、やはりSNSをつづけたいのなら復活すればよいのです。

## 1週間休むと人生満足度がアップ

コペンハーゲン大学のモーテン・トロムホルトは、1095名の参加者にお願いして、1週間だけフェイスブックをお休みしてもらいました。

すると、1週間後には、人生満足感や、ポジティブな気分の増進が見られました。フェイスブックをやっていると、他の人と自分を否応なく比較してしまうので、それがメンタルを弱めてしまっていたのです。

SNSをやめれば、他の人が何をしていようが、まったく気にならなくなります。他人の目を気にすることもありません。

ピッツバーグ大学のブライアン・プリマックは、19歳から32歳の全米調査で、11のソーシャルメディア（フェイスブック、ツイッター、インスタグラムなど）を頻繁にやっている人は、社会的孤立を感じないどころか、むしろ「孤立を感じやすくなる」という驚きの結果を報告しています。

寂しい人は、ＳＮＳで寂しさを紛らわせようとするのでしょうが、実際には余計に孤立を感じることが少なくないのです。

ＳＮＳをやめたほうがいいのかどうかの判断は、自分自身の心に聞いてみましょう。「なんだかとても疲れる」と感じるようなら、やらないに越したことはありません。完全にやめてしまうことが不安なら、せめて使用頻度を控えるようにしてください。

44

# 厳しめの「マイルール」を設定してみる

アメリカでは、とても学校が荒れた時期がありました。いじめや器物破損などの暴力行為は日常茶飯事で、本来は敬うべき先生に対しても、暴言を吐いたり、暴力を振るったりしていたのです。

ところがある時期を境に、そういう暴力行為が大激減しました。「ゼロ・トレランス方式」という法律を導入したのです。「トレランス」というのは我慢や忍耐、寛容さという意味ですが、「ゼロ・トレランス方式」というのは、「悪いヤツなど一切容赦しない」というルールで、生徒が何か問題を起こしたら、注意や指導をするのではなく、一発で退学にさせてしまうという厳しいルールです。

最初は口で指導し、それでもいうことを聞かないのなら停学にして、それでもダメならようやく退学というように徐々に厳しい罰則を与えるのではなく、ゼロ・トレランス方式では、最初の1回目でアウトになります。

「さすがに厳しすぎる」ということで、いろいろと批判もされましたが、これによって荒れた学校は元通りになりました。

ルールが厳しくなると、私たちはおかしなことをしなくなるのです。

## 達成しなければ「好きなもの」が……

ワシントン大学のピーター・カミングスは、銃器は自分の身を守るはずのものなのに、アメリカでは殺人や自殺に使われることが多い、ということに注目しました。

1989年にフロリダ州で、銃器購入を厳しく規制する法律ができ、その後アイオワ州、コネチカット州でも同様の法律が施行されるようになりました。カミングスはそういう州での銃器による事故統計を調べてみたのです。

すると、規制を厳しくした州では、法律の施行後による銃器による死亡率が年間23%も減ることがわかりました。

厳しいルールを設けることは決して悪いことではないのです。

もしあなたがどうしてもやりたいことがあるなら、極端に厳しいルールを設けてみてはいかがでしょうか。

たとえば、達成したい目標と「好きなもの」をセットにしてみましょう。

「禁煙を守れなかったら、大好きなお酒を一滴でも飲むことを禁ずる」

「１か月で３キロ痩せられなかったら、来月に予定している旅行はキャンセル」

「売り上げ目標を達成できなかったら、お気に入りの時計を後輩に譲る」


禁じるのが好きなことであればあるほど効果も絶大。必死で目標達成に向けて努力すること間違いなしです。

いつもこんなルールを設定していては疲れがたまるいっぽうなので、どうしても達成したい目標があるときに「ゼロ・トレランス方式」を活用しましょう。厳しければ厳しいほど、深い達成感を味わうことができ、自信にも繋がってくるはずです。

45

# 「自己暗示」でなりたい自分を手に入れよう

マイクロソフトの創始者ビル・ゲイツは、小さな頃からずっとナポレオンに憧れていたそうです。「私もナポレオンみたいになるのだ」という気持ちが自己暗示として働き、それがビル・ゲイツに成功をもたらしたのかもしれません。

版画家の棟方志功《むなかたしこう》は、少年時代にゴッホの絵画を見て感激し、「私はゴッホになる」と周囲に語っていたといわれています。

このように憧れの人と自分を重ね合わせることは、自信をつけるのにとても役立つ方法ですので、ぜひ実践してみてください。

自己暗示といっても、そんなに難しくありません。「私は○○だ」と何度も何度もくり返してイメージすればよいのです。

ただし、1回や2回、「私は○○だ」と口にするだけでは、効果は上がりません。本当に自分が憧れの人のように感じられるまでくり返してみてください。

## 演奏能力も数学力もアップする

モスクワ大学のウラジミール・ライコフは、自己暗示について面白い研究を行っています。

まずライコフは、参加者たちに、

「私はロシアの作曲家セルゲイ・ラフマニノフだ」

「私はオーストリア出身の天才バイオリニスト、フリッツ・クライスラーだ」

といった自己暗示をかけてから、楽器を演奏してもらい、その演奏を専門家に得点をつけてもらいました。

すると、かけないときよりもはるかに高得点が得られることが明らかになりました。自己暗示によって、いきなり楽器の演奏もうまくなってしまうのですね。

ライコフは次に、

「私はフランスの数学者アンリ・ポワンカレだ」

「私はロシアの数学者アンドレイ・コルモゴロフだ」

という暗示をかけてから、数学の問題を解いてもらうと、やはり得点がアップすることを突き止めています。

自己暗示は、読者のみなさんが思っている以上に強力な効果を発揮してくれます。「ウソくさいな」と思う人がいるかもしれませんが、とにかく一度は試してみてください。その効果の大きさに驚くと思います。

「私は〇〇だ」と仕事のできる先輩や上司の顔を思い浮かべて自己暗示をかければ、スイスイと仕事をこなせるかもしれませんね。

column 5

# コンプレックスは2週間で消える

私たちは、だれでもいくつかのコンプレックスを抱えているものです。鼻が大きいとか、背が低いとか、毛深いとか、人それぞれ。

最後に、そうしたコンプレックスを吹き飛ばす方法をお教えしましょう。

カナダにあるマギル大学のアリソン・ケリーは、「ニキビで悩んでいる人」をオンラインと新聞で募集しました。すると、18歳から38歳までの75名が実験に参加してくれることになりました。

ケリーが参加者たちに求めたのは、自分なりにコンプレックスを吹き飛ばすようなセリフを考えてもらい、そのセリフを1日に3回、声に出して読み上げること。これを2週間やってもらったのです。

ちなみに参加者たちが考えたのは、次のようなセリフでした。

「だれだってニキビがあれば悩むのだから、自分は普通」

「もし友人にニキビがあっても、私はその友人を嫌いになったりしない。同じことは自分自身にも当てはまるはず」

「ニキビがあるから、他の人に拒絶されるなんてウソ」

2週間の実験期間が終わったところで調べてみると、見事なほどにコンプレックスが解消され、抑うつ的な気分が減少し、ニキビに対する恥ずかしさも改善されました。自分を勇気づける言葉を口に出す作戦は大成功だったのです。

## 1日3回声に出して自己暗示

コンプレックスをあげることはできても、なかなかセリフが思いつかないという人もいるかもしれません。

そんなときには自己啓発系の本を読んで、参考になりそうなセリフを探してみるのもよいアイデア。気に入ったフレーズを探してきちんとメモをとっておき、そのフレーズを1日3回、声に出すようにするのです。

「給料が安いから、恋人ができないなんてことはない」

「学歴が低いから、バカにされるなんてことはない」

「バツイチの人なんて、世の中にはいくらでもいる」

こういうフレーズを何度も口に出していれば、そのうちコンプレックスもきれいになくなります。

# あとがき

自分の人生は、自分が主人公なのであって、本来ならば、自分で何でも決めることができるはずです。ところが、様々な外的要因が私たちをそうさせてくれません。

自分のペースが乱される。

これは私たちのメンタルに多くの影響を及ぼします。

本書では、そんな悩みを抱えた人に向けて、自分のペースを守るために必要なノウハウをお伝えしてきました。このノウハウを実践していただいて、あなたの心が少しでも軽くなることを祈っています。

どうか、あなたがあなたの人生を快適にすごせますように。

最後にひとつだけアドバイスをさせてください。

他人に振り回されないことは重要ですが、だからといって自己中心的に、ワガママに振るまってよいのかというと、それは違います。このことはきちんと覚えておかなければなりません。

たとえば、みんなで旅行先を決めるとき、何となく他の人たちが「海」に行きたそうな顔をしているのに、自分一人だけが、「山だよ、山。絶対に山」などと駄々をこねると、他の人たちをうんざりさせてしまいかねません。

あるいは、みんなで食事をしようという流れになったとき、他の人たちがイタリアン・レストランに行きたそうなそぶりを見せているのに、自分一人だけが「やっぱり中華だろ、中華！」と強情な態度をとると、他の人たちを苦々しい気持ちにさせてしまいます。

こういうときには、あえて他の人たちに流されてもよいのではないでしょうか。

その場その場で、周囲の雰囲気に流されておくかどうかを決め、柔軟に対応すること。人間関係を円満にするためにも、これは絶対に必要です。自己主張すべきときもあれば、しないですませたほうがいいことも現実にはよくあるのです。

自分のペースを意識しすぎるあまり、あなたが他人のペースを乱す人になってしまわないように気をつけていただければと思います。

さて、本書の執筆にあたっては徳間書店の野間裕樹さんにお世話になりました。この場を借りてお礼を申し上げます。

また最後までお付き合いくださいました読者のみなさまにもお礼を申し上げます。本当にありがとうございました。またどこかでお目にかかれることを願いながら、筆をおきたいと思います。

内藤誼人

- Tromholt, M. 2016 The Facebook experiment: Quitting Facebook leads to higher levels of well-being. Cyberpsychology, Behavior, and Social Networking ,19, 662-666.
- Twenge, J. M., Konrath, S., Foster, J. D., Campbell, W. K., & Bushman, B. J. 2008 Egos inflating over time: A cross-temporal meta-analysis of the narcissistic personality inventory. Journal of Personality ,76, 875-901.
- VanWormer, J. J. 2004 Pedometers and brief e-counseling: Increasing physical activity for overweight adults. Journal of Applied Behavior Analysis ,37, 421-425.
- Wedell-Wedellsborg, T. 2017 Are you solving the right problems? Harvard Business Review ,January-February.
- Weitlauf, J. C., Smith, R. E., & Cervone, D. 2000 Generalization effects of coping-skills training: Influence of self-defense training on women's efficacy beliefs, assertiveness, and aggression. Journal of Applied Psychology ,85, 625-633.
- Wilson, S. B., & Kennedy, J. H. 2006 Helping behavior in a rural and an urban setting: Professional and casual attire. Psychological Reports ,98, 229-233.
- Wiltermuth, S. C., & Heath, C. 2009 Synchrony and cooperation. Psychological Science , 20, 1-5.
- Womble, M. N., Labbé, E. E., & Cochran, C. R. 2013 Spirituality and personality: Understanding their relationship to health resilience. Psychological Reports ,112, 706-715.
- Woolley, K., & Fishbach, A. 2017 A recipe for friendship: Similar food consumption promotes trust and cooperation. Journal of Consumer Psychology ,27, 1-10.

- Roberts, T. A., & Arefi-Afshar, Y. 2007 Not all who stand tall are proud: Gender differences in the proprioceptive effects of upright posture. Cognition and Emotion ,21, 714-727.
- Ronen, S., & Baldwin, M. W. 2010 Hypersensitivity to social rejection and perceived stress as mediators between attachment anxiety and future burnout: A prospective analysis. Applied Psychology: An international review ,59, 380-403.
- Rothbard, N. P., & Wilk, S. L. 2011 Waking up on the right or wrong side of the bed: Start-of-workday mood, work events, employee affect, and performance. Academy of Management Journal ,54, 959-980.
- Schaller, M., Asp, C. H., Rosell, M. C., & Heim, S. J. 1996 Training in statistical reasoning inhibits the formation on erroneous group stereotypes. Personality and Social Psychology Bulletin ,22, 829-844.
- Schubert, T. W., & Koole, S. L. 2009 The embodied self: Making a fist enhances men's power-related self-conceptions. Journal of Experimental Social Psychology ,45, 828-834.
- Smeesters, D., & Mandel, N. 2006 Positive and negative media image effects on the self. Journal of Consumer Research ,32, 576-582.
- Snodgrass, S. E., Higgins, J. G., & Todisco, L. 1986 The effects of walking behavior on mood. Paper presented at the Annual Convention of the American Psychological Association.
- Stice, E., Spoor, S., Bohon, C., Veldhuizen, M., & Small, D. 2008 Relation of reward from food intake and anticipated food intake to obesity: A functional magnetic resonance imaging study. Journal of Abnormal Psychology ,117, 924-935.
- Stone, M. R., Thomas, K., Wilkinson, M., Jones, A. M., Gibson, A. S. C., & Thompson, K. G. 2012 Effects of deception on exercise performance: Implications for determinants of fatigue in humans. Medicine and Science in Sports and Exercise ,44, 534-541.
- Strack, F., Martin, L. L., & Stepper, S. 1988 Inhibiting and facilitating conditions of the human smile: A nonobtrusive test of the facial feedback hypothesis. Journal of Personality and Social Psychology ,54, 768-777.
- Suedfeld, P., Roy, C., & Landon, P. B. 1982 Restricted environmental stimulation therapy in the treatment of essential hypertension. Behavior Research and Therapy ,20, 553-559.
- Sunday Express. 2016 Feeling blue? Key to happiness is eating yellow food. October, 13.
- Sunstein, C. R., Bobadilla-Suarez, S., Lazzaro, S. C., & Sharot, T. 2017 How people update beliefs about climate change: Good news and bad news. Cornell Law Review ,102, 1431-1443.
- Tepper, B. J., Uhl-Bien, M., Kohut, G. F., Rogelberg, S. G., Lockhart, D. E., & Ensley, M. D. 2006 Subordinates' resistance and managers' evaluations of subordinates' performance. Journal of Management ,32, 185-209.
- Tiger, J. H., & Hanley, G. P. 2006 Using reinforcer pairing and fading to increase the milk consumption of a preschool child. Journal of Applied Behavior Analysis ,39, 399-403.

- Marks, M., & Harold, C. 2011 Who asks and who receives in salary negotiation. Journal of Organizational Behavior ,32, 371-394.
- Martin, J. J., Pamela, A. K., Kulinna, H., & Fahlman, M. 2006 Social physique anxiety and muscularity and appearance cognitions in college men. Sex Roles ,55, 151-158.
- McFall, R. M., & Marston, A. R. 1970 An experimental investigation of behavior rehearsal in assertive training. Journal of Abnormal Psychology ,76, 295-303.
- Medvec, V. H., Madey, S. F., & Gilovich, T. 1995 When less is more: Counterfactual thinking and satisfaction among Olympic medalists. Journal of Personality and Social Psychology ,69, 603-610.
- Mesagno, C., Marchant, D., & Morris, T. 2009 Alleviating choking: The sounds of distraction. Journal of Applied Sport Psychology ,21, 131-147.
- Muehlenhard, C. L., & Hollabaugh, L. C. 1988 Do women sometimes say no when they mean yes? The prevalence and correlates of women's token resistance to sex. Journal of Personality and Social Psychology ,54, 872-879.
- Mueller, J. S., Goncalo, J. A., & Kamdar, D. 2011 Recognizing creative leadership: Can creative idea expression negatively relate to perceptions of leadership potential? Journal of Experimental Social Psychology ,47, 494-498.
- Nasco, S. A., & Marsh, K. L. 1999 Gaining control through counterfactual thinking. Personality and Social Psychology Bulletin ,25, 556-568.
- Nauroth, P., Gollwitzer, M., Bender, J., & Rothmund, T. 2014 Gamers against science: The case of the violent video games debate. European Journal of Social Psychology ,44, 104-116.
- Neff, L. A., & Broady, E. F. 2011 Stress resilience in early marriage: Can practice make perfect? Journal of Personality and Social Psychology ,101, 1050-1067.
- Nyhus, E. K., & Pons, E. 2005 The effects of personality on earnings. Journal of Economic Psychology ,26, 363-384.
- Offer, D., & Schonert-Reicl, K. A. 1992 Debunking the myths of adolescence:Finding from recent research. Journal of American Academy of Child & Adolescent Psychiatry ,31, 1003-1014.
- Peskin, M., & Newell, E. N. 2004 Familiarity breeds attraction; Effects of exposure on the attractiveness of typical and distinctive faces. Perception ,33, 147-157.
- Primack, B. A., Shensa, A., Sidani, J. E., Whaite, E. O., Lin, L., Rosen, D., Colditz, J. B., Radovic, A., & Miller, E. 2017 Social media use and Perceived social isolation among young adults in the United States. American Journal of Preventive Medicine ,53, 1-8.
- Rabinowitch, T. C. & Knafo-Noam, A. 2015 Synchronous rhythmic interaction enhances children's perceived similarity and closeness towards each other. PLOS ONE, 10,e0120878.
- Raikov, V. L. 1976 The possibility of creativity in the active stage of hypnosis. International Journal of Clinical and Experimental Hypnosis ,24, 258-268.

- Hodge, K., & Smith, W. 2014 Public expectation, pressure, and avoiding the choke: A case study from elite sport. The Sport Psychologist ,28, 375-389.
- Holland, G., & Tiggemann, M. 2016 A systematic review of the impact of the use of social networking sites on body image and disordered eating outcomes. Body Image ,17, 100-110.
- Houston, J. M., Harris, P. B., Moore, R., Brummett, R., & Kametani, H. 2005 Competitiveness among Japanese, Chinese, and American undergraduate students. Psychological Reports ,97, 205-212.
- Jamieson, J. P., Mendes, W. B., Blackstock, E., & Schmader, T. 2010 Turning the knots in your stomach into bows: Reappraising arousal improves performance on the GRE. Journal of Experimental Social Psychology ,46, 208-212.
- Joel, S., Teper, R., & MacDonald, G. 2014 People overestimate their willingness to reject potential romantic partners by overlooking their concern for other people. Psychological Science, 25, 2233-2240.
- Jordet, G. 2009 Why do English players fail in soccer penalty shootouts? A study of team status, self-regulation, and choking under pressure. Journal of Sports Sciences ,27, 97-106.
- Kang, S. K., DeCelles, K. A., Tilcsik, A., & Jun, S. 2016 Whitened Résumés: Race and self-presentation in the labor market. Administrative Science Quarterly ,61,469-502.
- Karr-Wisniewski, P., & Lu,Y. 2010 When more is too much:Operationalizing technology overload and exploring its impact on knowledge worker productivity. Computers in Human Behavior ,26, 1061-1072.
- Kelly, A. C., Zuroff, D. C., & Shapira, L. B. 2009 Soothing oneself and resisting self-attacks: The treatment of two intrapersonal deficits in depression vulnerability. Cognitive Therapy and Research ,33, 301-313.
- Kerr, S. 1975 On the folly of rewarding A, while hoping for B. Academy of Management Journal ,18, 769-783.
- Lee, E. H., & Schnall, S. 2014 The influence of social power on weight perception. Journal of Experimental Psychology:General ,143, 1719-1725.
- Legrand, F. D., & Apter, M. J. 2004 Why do people perform thrilling activities? A study based on reversal theory. Psychological Reports , 94, 307-313.
- Levinson, W., Roter, D. L., Mullooly, J. P., Dull, V. T., & Frankel, R. M. 1997 Physician-patient communication: The relationship with malpractice claims among primary care physicians and surgeons. Journal of the American Medical Association ,277, 553-559.
- Levitt, M. J., Silver, M. E., & Franco, N. 1996 Troublesome relationships: A part of human experience. Journal of Social and Personal Relationships ,13, 523-536.
- Lucas, J. L., & Heady, R. B. 2002 Flextime commuters and their driver stress, feelings of time urgency, and commute satisfaction. Journal of Business and Psychology ,16, 565-572.

Gerontology: Psychological Sciences ,51B, 364-373.

- Cash, T. F., Dawson, K., Davis, P., Bowen, M., & Galumbeck, C. 1989 Effects of cosmetics use on the physical attractiveness and body image of American college women. Journal of Social Psychology ,129, 349-355.

- Collins, S. A., & Missing, C. 2003 Vocal and visual attractiveness are related in women. Animal Behaviour ,65, 997-1004.

- Coulthard, P., & Fitzgerald, M. 1999 In God we trust? Organised religion and personal beliefs as resourses and coping strategies, and their implications for health in parents with a child on the autistic spectrum. Mental Health, Religion & Culture ,2, 19-33.

- Cummings, P., Grossman, D. C., Rivara, F. P., & Koepsell, T. D. 1997 State gun safe storage laws and child mortality due to firearms. Journal of the American Medical Association , 278, 1084-1086.

- Davis, M. H., & Harvey, J. C. 1992 Declines in major league batting performance as a function of game pressure: A drive theory analysis. Journal of Applied Social Psychology , 22, 714-735.

- Deci, E. L., Betley, G., Kahle, J., Abrams, L., & Porac, J. 1981 When trying to win: Competition and intrinsic motivation. Personality and Social Psychology ,7, 79-83.

- Doll, J., Livesey, J., McHaffie, E., & Ludwig, T. D. 2007 Keeping an uphill edge: Managing cleaning behaviors at a ski shop. Journal of Organizational Behavior Management ,27, 41-60.

- Feldman, D. C., & Leana, C. R. 2000 A study of reemployment challenges after downsizing. Organizational Dynamics ,29, 64-75.

- Flynn, F. J., & Lake, V. K. B. 2008 If you need help, just ask: Understanding compliance with direct requests for help. Journal of Personality and Social Psychology ,95, 128-143.

- Garrison, K. E., Tang, D., & Schmeichel, B. J. 2016 Embodying power: A preregistered replication and extension of the power pose effect. Social Psychological and Personality Science ,7, 623-630.

- Gerhart, B., & Rynes, S. 1991 Determinants and consequences of salary negotiations by male and female MBA graduates. Journal of Applied Psychology ,76, 256-262.

- Groysberg, B., & Lee, L. E. 2008 The effect of colleague quality on top performance: The case of security analysts. Journal of Organizational Behavior ,29, 1123-1144.

- Hamilton, S. K., & Wilson, J. H. 2009 Family mealtimes. Worth the effort? Infant, Child, & Adolescent Nutrition ,1, 346-350.

- Henagan, S. C., & Bedeian, A. G. 2009 The perils of success in the workplace: Comparison target responses to coworkers' upward comparison threat. Journal of Applied Social Psychology ,39, 2438-2468.

- Henley, A. J., & Reed, F. D.D. 2015 Should you order the feedback sandwich? Efficacy of feedback sequence and timing. Journal of Organizational Behavior Management ,35, 321-335.

# 参考文献


- Abdel-Khalek, A. M., & El-Yahfoufi, N. 2005 Wealth is associated with lower anxiety in a sample of Lebanese students. Psychological Reports ,96, 542-544.
- Alden, L., & Cappe, R. 1981 Nonassertiveness: Skill deficit or selective self-evaluation? Behavior Therapy ,12, 107-114.
- Ardoin, S. P., Williams, J. C., Klubnik, C., & McCall, M. 2009 Three versus six rereading of practice passages. Journal of Applied Behavior Analysis ,42, 375-380.
- Aucouturier, J. J., Johansson, P., Hall, L., Segnini, R., Mercadié, L., & Watanabe, K. 2016 Covert digital manipulation of vocal emotion alter speakers' emotional states in a congruent direction. Proceedings of the National Academy of Sciences of the United States of America ,114, 948-953.
- Austin, J., Weatherly, N. L., & Gravina, N. E. 2005 Using task clarification, graphic feedback and verbal feedback to increase closing-task completion in a privately owned restaurant. Journal of Applied Behavior Analysis ,38, 117-120.
- Barnett, N. P., Tidey, J., Murphy, J. G., Swift, R., & Colby, S. M. 2011 Contingency management for alcohol use reduction: A pilot study using a transdermal alcohol sensor. Drug and Alcohol Dependence ,118, 391-399.
- Barton, J., & Pretty, J. 2010 What is the best dose of nature and green exercise for improving mental health? A multi-study analysis. Environmental Science & Technology , 44, 3947-3955.
- Bonanno, G. A. 2008 Loss, trauma, and human resilience:Have we underestimated the human capacity to thrive after extremely aversive events? Psychological Trauma:Theory, Research, Practice, and Policy ,S, 101-113.
- Boterberg, S. & Warreyn, P. 2016 Making sense of it all: The impact of sensory processing sensitivity on daily functioning of children. Personality and Individual Differences ,92, 80-86.
- Bridges, F. S., & Coady, N. P. 1996 Affiliation, urban size, urgency, and cost of responses to lost letters. Psychological Reports ,79, 775-780.
- Briñol, P., Petty, R. E., & Wagner, B. 2009 Body postures effects on self-evaluation: A self-validation approach. European Journal of Social Psychology ,39, 1053-1064.
- Brown, G., & Baer, M. 2011 Location in negotiation: Is there a home field advantage? Organizational Behavior and Human Decision Processes ,114, 190-200.
- Brown, H. N., Saunders, R. B., & Dick, M. J. 1999 Preventing secondary pregnancy in adolescents: A model program. Health Care for Women International ,20, 5-15.
- Brown, S., Taylor, K., & Price, S. W. 2005 Debt and distress: Evaluating the psychological cost of credit. Journal of Economic Psychology ,26, 642-663.
- Buehler, R., Griffin, D., & Ross, M. 1994 Exploring the "Planning Fallacy": Why people underestimate their task completion times. Journal of Personality and Social Psychology , 67, 366-381.
- Burgio, L., Scilley, K., Hardin, J. M., Hsu, C., & Yancey, J. 1996 Environmental "White Noise": An intervention for verbally agitated nursing home residents. Journal of

**内藤誼人**（ないとう・よしひと）
心理学者。立正大学客員教授。有限会社アンギルド代表。慶應義塾大学社会学研究科博士課程修了。
社会心理学の知見をベースにした、「自分の望む人生を手に入れる」ための実践的アドバイスには定評がある。
『「習慣化」できる人だけがうまくいく。』『イライラ・不安・ストレスがおどろくほど軽くなる本』『悪人の技法』『すごく使える心理学テクニック』『自信をつける習慣』『気にしない習慣』など、著書多数。

---

# 振り回されない練習
## 「自分のペース」をしっかり守るための50のヒント

2023年11月30日　第1刷

著者　内藤誼人

発行者　小宮英行
発行所　株式会社徳間書店
〒141-8202　東京都品川区上大崎3-1-1 目黒セントラルスクエア
編集 03-5403-4349
販売 049-293-5521
振替 00140-0-44392

本文印刷　本郷印刷株式会社
カバー印刷　真生印刷株式会社
製本所　ナショナル製本協同組合


ISBN978-4-19-865721-5